パナマ文書と
オフショア・タックスヘイブン
改革は可能か

62人の超富裕者の富＝下位半数36億人の富！
この不平等・格差、税金逃れを許せるか？

合田　寛

「パナマ文書の内部告発者とICIJの報道に連帯の気持ちを込め本書を刊行します」

日本機関紙出版センター

はじめに

パナマ文書は量的に言っても、その内容から見ても、今世紀最大の暴露文書といえるでしょう。いままで私たちが見ることのできなかった秘密世界の一端を、この文書は事実をもって描きだしています。国際的な調査報道の記者たちの努力で、真実の扉が開かれつつあります。しかしパナマ文書の解読は始まったばかりであり、これを完全に解き明かすには、さらに多くの時間と労力を必要とするでしょう。

パナマ文書の公開は極めてタイミングの良いものでした。国際社会が共同してタックスヘイブンに対して共同して取り組もうとしているいま、この文書の公開は強力な追い風となるでしょう。

パナマ文書の暴露は偶然の出来ごとではありません。タックスヘイブンに対する国際社会の共同の取り組みの背景には、世界の市民のたゆまない運動がありました。イギリスに本拠を置くタックス・ジャスティス・ネットワーク（ＴＪＮ）はその一つです。ＴＪＮは２００３年にロンドンで設立され、公正な税を求める運動を世界に広げてきました。運動の初期に掲げられた課題が、いま実際に実現しようとしています。多国籍企業に「国別報告書」の提出を義務付ける課題はその一つです。

私たちは日本にもこうした市民運動が必要と考え、昨年「公正な税制を求める市民連絡会」（宇都宮健児代表）を立ち上げました。今秋、ＴＪＮのジョン・クリステンセン代表を招き、国際交流を強めるための行事を予定しています。

本書は日本機関紙出版センターの求めに応じ、パナマ文書が公開されて間もない5月初旬、東京都内で行われた講演会でお話した内容をもとにして、一部加筆・修正したものです。

巻末には読者の参考のために、パナマ文書に記載されている日本関係の企業名などの資料、タックスヘイブンをなくすためのトマ・ピケティ氏ら経済学者の公開書簡とそれに対する日本の賛同人の一覧、およびタックス・ジャスティス・ネットワークの簡単な歴史を書いた文章を付録として収録しています。

二〇一六年七月

合田　寛

1. パナマ文書とは何か

パナマ文書が最初に発表されたのは今年4月の初めですが、5月にはさらに詳細な文書が発表され、世界に大きな波紋を及ぼしています。

まずパナマ文書について、簡単に振り返っておきます。

パナマ文書の発信地は中央アメリカの小国パナマにあるモサック・フォンセカ法律事務所です。この法律事務所は世界第4位のオフショア法律事務所で、42カ国に約600人のスタッフを抱える法律事務所です。1977年に設立されていますが、この法律事務所は世界で最も大きいオフショア会社の創造者と言われ、40年間にわたって、脱税など不法な目的のためにペーパーカンパニーを顧客に売り続けてきました。

パナマ文書によれば、モサック・フォンセカ法律事務所の創始者ユルゲン・モサックは1980年代、当時メキシコの麻薬王の一人、カロ・キンテロと関係を持ち、キンテロがアメリカ当局に逮捕される寸前に、彼の財産を隠す会社を作るために、

【図1】ICIJのホームページ（https://panamapapers.icij.org）のパナマ文書関連のトップページ

自らの法律事務所を使って、彼自身がその会社の名目重役になりました。またモサック・フォンセカ法律事務所はシリアの独裁者アサド大統領とつながりをもっていたことも暴露されています。

パナマ文書とは、この法律事務所が40年間にわたって蓄積してきた１１５０万件のデータを内部告発し、南ドイツ新聞にもたらしたことから始まります。

南ドイツ新聞は内部告発されたデータを「国際調査報道ジャーナリスト連合」（ＩＣＩＪ）に提供し、76カ国・１００以上の世界の報道機関が参加し、１年がかりでこれを分析しました。分析の結果、同法律事務所がこれまでにオフショアに21万社のペーパーカンパニーを設立し、そこに名目のオーナー、社長

【図2】ホームページでパナマ文書に記載されている各国元首を似顔絵で紹介

を提供してきた事実など、驚くべき秘密世界の内側が明るみに出されたわけです。

モサック・フォンセカ法律事務所の顧客は個人・会社合わせて約36万に及び、そのリストの中にはロシアのプーチン大統領の友人、イギリスのキャメロン首相の父、中国の習近平国家主席の親族など、12人の現旧指導者を含む１４３人の公職者や著名な実業家などがいたということから、大きな波紋を呼びました。**（図2）**。

これらの事実から明らかになったことを整理すると、まず第一に、政治家や富裕者、高級官僚が税を逃れるためにタックスヘイブンに秘密裏に資金を蓄えたということ。第二に、税逃れだけではなく、麻薬取引や武器の密輸など不法取引によって得たカネを洗浄、つまりマネーロンダリングをしたり、あるいはまたシリアなど不法国家に対する国際制裁がなされている中で、その抜け道として利用されていたり、あるいはテロ資金の通り道を提供していたことなど、重大な犯罪行為にも関わっていたということ。第三に、単にこの法律事務所だけではなくて、その周囲にメガバンクや会計事務所、トラスト会社など多くの、指南役、仲介業者が関わっており、オフショアの国際的重層的構造が形成されていることが浮き彫りになりました。そして第四に、その中でもとりわけ重要なのが、ＨＳＢＣというイギリスに本拠を置く巨大銀行やＵＢＳという本店がスイスのチューリッヒある世界最大級の金融グループなど、ヨーロッパの主要銀行とその系列金融機関およそ５００社がこれに関わっていたということなどです。

パナマ文書が明らかになった発端は２０１５年の内部告発でした。まだ名前を名乗っていないのでわかりませんが、モサック・フォンセカ事務所のおそらく関係者だろうと思われます。本人はジョン・ドゥと仮名を名乗っていて、以下のようなやり取りが南ドイツ新聞との間であったとされています。

ジョン・ドゥ　ハロー。私はジョン・ドゥだ。データに興味はあるか。
南ドイツ新聞　非常に興味がある。
ジョン・ドゥ　いくつかの条件がある。私の身は危険にさらされている。暗号化されたファイルでのみチャットできる。会うことはできない。飛び切りの物語をお届けしたい。
南ドイツ新聞　なぜそうするのか。
ジョン・ドゥ　私は犯罪を明るみに出したいのだ。

ジョン・ドゥを名乗る内部告発者はその後、内部告発にいたる詳しい動機を明らかにしています。それはＩＣＩＪのホームページに掲載されています。要するに、今、世界は不公平な社会に満ち満ちている。格差拡大がますます進んでいる。多くの人々がそれを主張してきたのになかなかなくならない。それはなぜかということがやっとわかった。その理由をこのパナマ文書が提供している。これはデジタルによる革命だ。革命が今、始まったばかりだ、という内容です。

内部告発が世界を変える、革命を引き起こす力があることを、ジョン・ドゥは信じて行動を起こした。そして実際に、衝撃的な影響を世界に与え続けているのです。

ＩＣＩＪは以前にもこのような内部告発にもとづいて、情報・データを公開してきました。たとえば一昨年末（２０１４年11月）には「ルクセンブルク・リーク」を公開しました。これは数多くの多国籍企業が、４大会計事務所の一つ、プライスウォーターハウスクーパーズ（ＰＷＣ）が提供した税逃れの仕組みを使って税逃れを行い、それに対してルクセンブルク政府がお墨付きを与えている事実を暴露したものでした。この事実については日本ではあまり報道はされませんでしたが、多国籍企業による税逃れの実態を示す重要な事件でした。これを内部告発したＰＷＣの元社員アントニー・デルターはルクセンブルクで裁判にかけられ、「企業秘密の暴露」の罪で懲役と高額罰金が課せられています。

パナマ文書について立ち入ってお話しましょう。まずその規模の大きさです。この全体の大きな四角形がパナマ文書の大きさで2・6テラバイトという想像もつかない大きさです。一方、これまでリークされた最も大きな文書は、２番目に大きな四角形で、２０１3年にＩＣＩＪが初めて公開した「オフショア・リーク」と呼ばれる暴露で、２６０ギガバイトです。今回のパナマ文書はその10倍もの大きさのデー

【図3】パナマ文書の規模の大きさがよくわかる

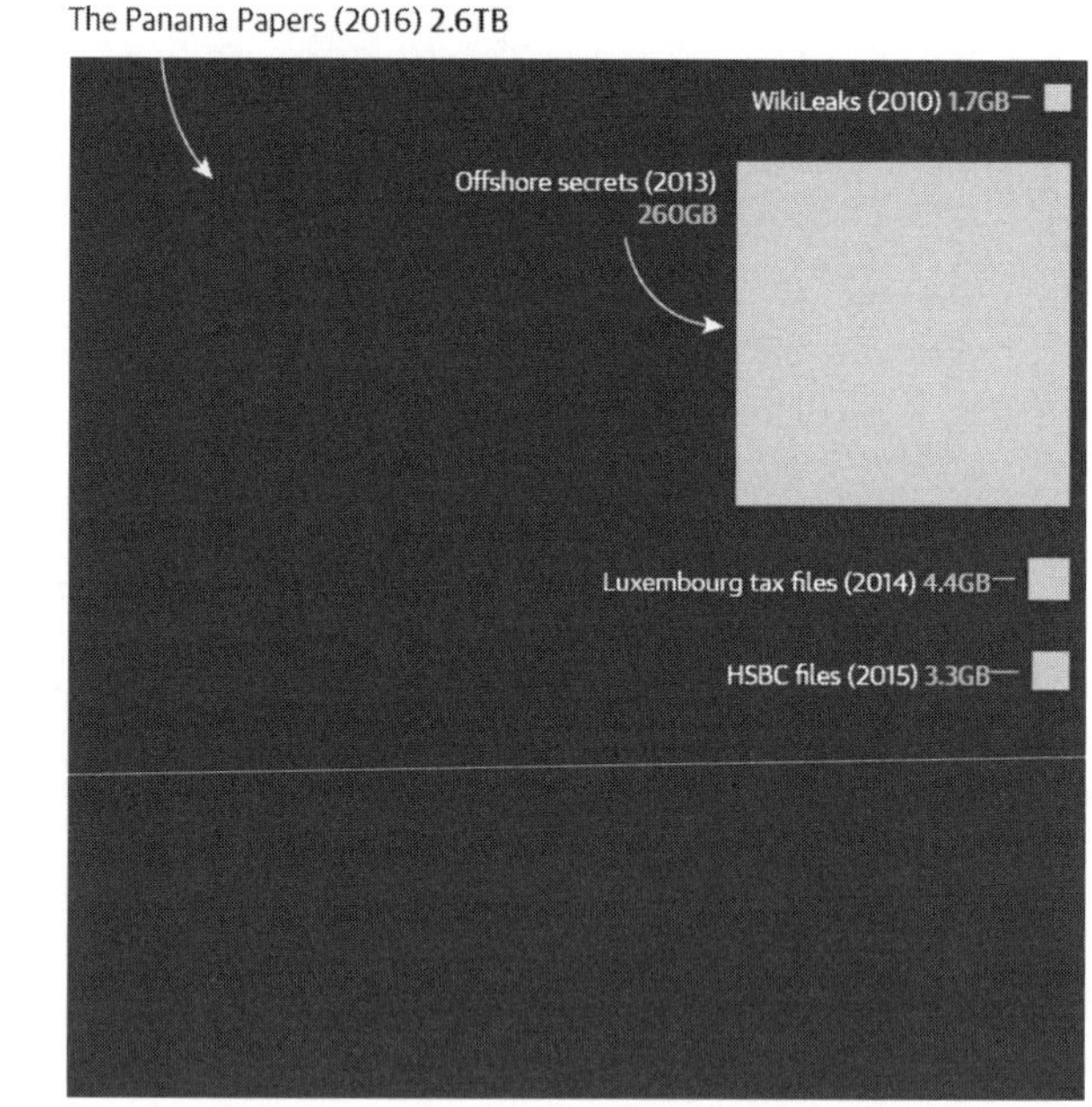

出典：Guardian Graphic

タ量だということがわかります（**図3**）。

モサック・フォンセカ法律事務所は21のタックスヘイブンに21万社のペーパーカンパニーを作りましたが、その主な内訳をみると、まず英領バージン諸島、これはイギリスの海外領土ですが、21万社のうちの大半を占める11万4千社はここで作られています。そのほかパナマに4万8千社、バハマに1万6千社、セーシェルに1万5千社などとなっています（**図4**）。

また**表1**はモサック・フォンセカが設立したペーパーカンパニーの所在地と数を示しています。モサック・フォンセカがペーパーカンパニーを設立した場所は南洋

【図4】21のタックスヘイブンに21万社のペーパーカンパニーが作られた

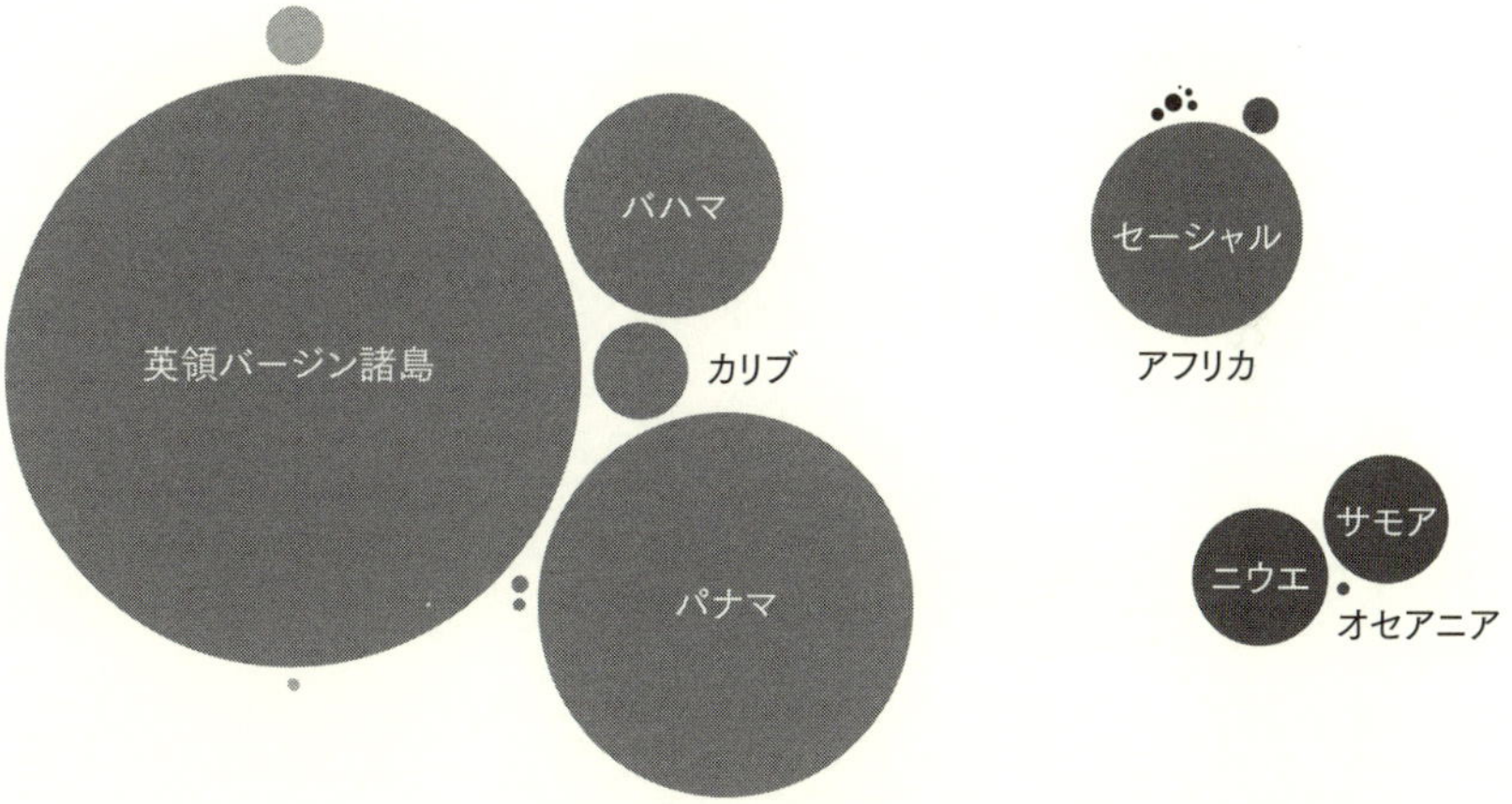

出典：ICIJ Panama Papers

の小島だけではありませんでした。たとえばアメリカのネバダ州、ここはアメリカ国内のタックスヘイブン州ですが、ここには１２６０社のペーパーカンパニーが作られています。同じくワイオミング州にも37社のペーパーカンパニーが作られました。イギリス国内にも１４８社あります。つまりモサック・フォンセカは、アメリカ、イギリスの本土も含めて世界中でペーパーカンパニーを作っていたのです。

さて、そのペーパーカンパニーの利用者はどこにいるのでしょうか。２００カ国・地域といえば、ほぼ世界中にいるということです。特に多いのが中国、そして香港、ロシア、イギ

【表1】モサック・フォンセカが設立したペーパーカンパニー数と所在地

国・地域	会社数
アンギラ	3,253
バハマ	15,915
ベリーズ	130
英領ヴァージン諸島	113,648
コスタリカ	78
キプロス	76
香港	452
マン島	8
ジャージー島	39
マルタ	28
ネバダ州	1,260
ニュージーランド	47
ニウエ	9,611
パナマ	48,360
ラアス・アル=ハイマ	2
サモア	5,307
セーシェル	15,182
シンガポール	1
イギリス	148
ウルグアイ	52
ワイオミング州	37
その他	854
合計	214,488

出典：ICIJ Panama Papers

リスと続きます（**図5**）。

　またこのペーパーカンパニー設立に関しては、それを指南したり仲介したりする多くの関連ビジネスが存在していました。銀行、法律事務所、会計事務所トラスト会社など、１００カ国、１万４千社にのぼっています。特に多いのが、スイス（１２２３社）、香港（２２１２社）です。またイギリスも本国だけでなく王室属領ジャージー島を含めると、かなり多くの仲介者がいたことがわかります。

　それらの仲介者たちによって作られたペーパーカンパニーの数を見て見ましょう（**図6**）。

【図5】利用者は200カ国・地域の法人と個人

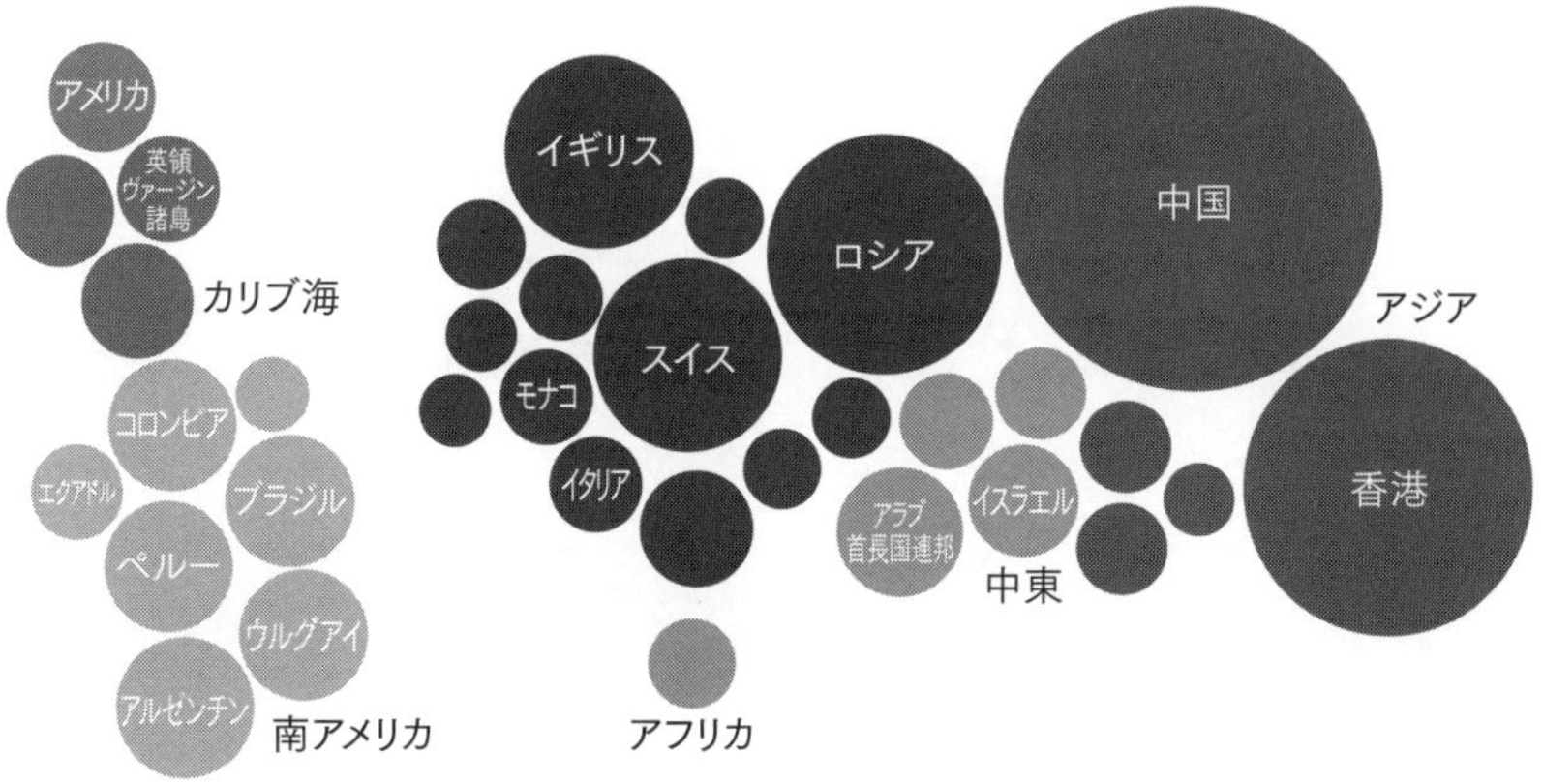

出典：ICIJ Panama Papers

【図6】仲介者が活躍した国（設立したペーパーカンパニーの数）

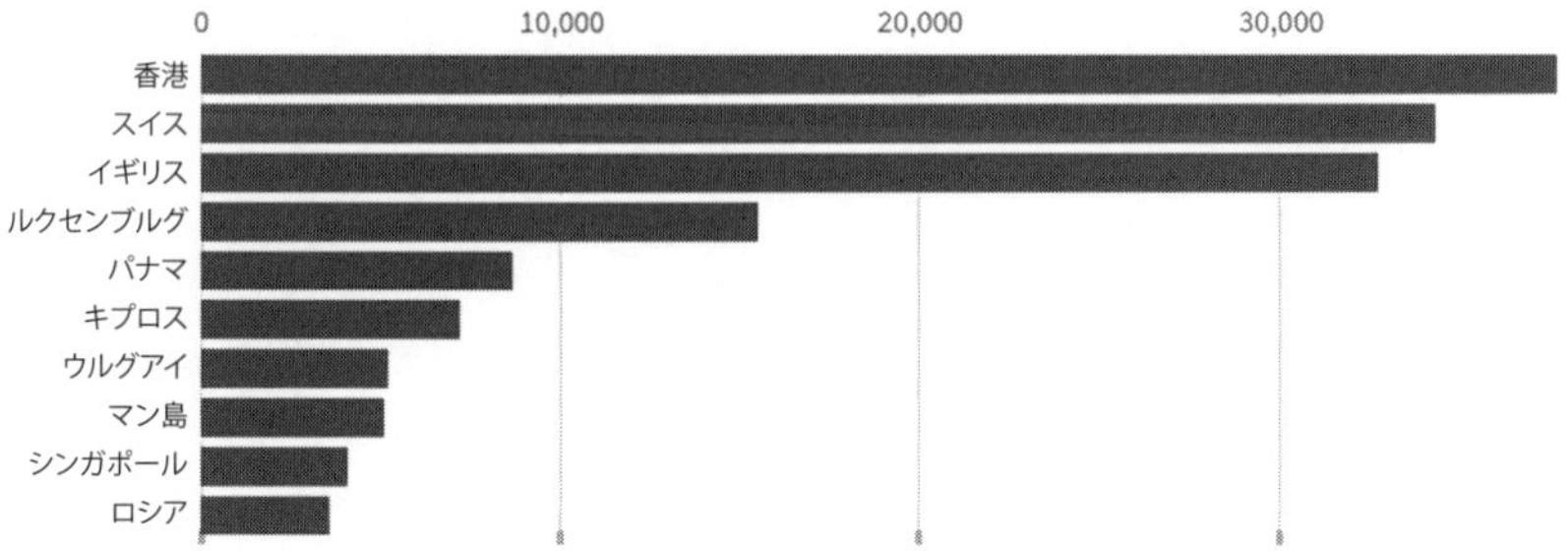

出典：ICIJ Panama Papers

【図7】ペーパーカンパニー設立にかかわった金融機関（500以上の銀行が約15600社のペーパーカンパニーを設立）

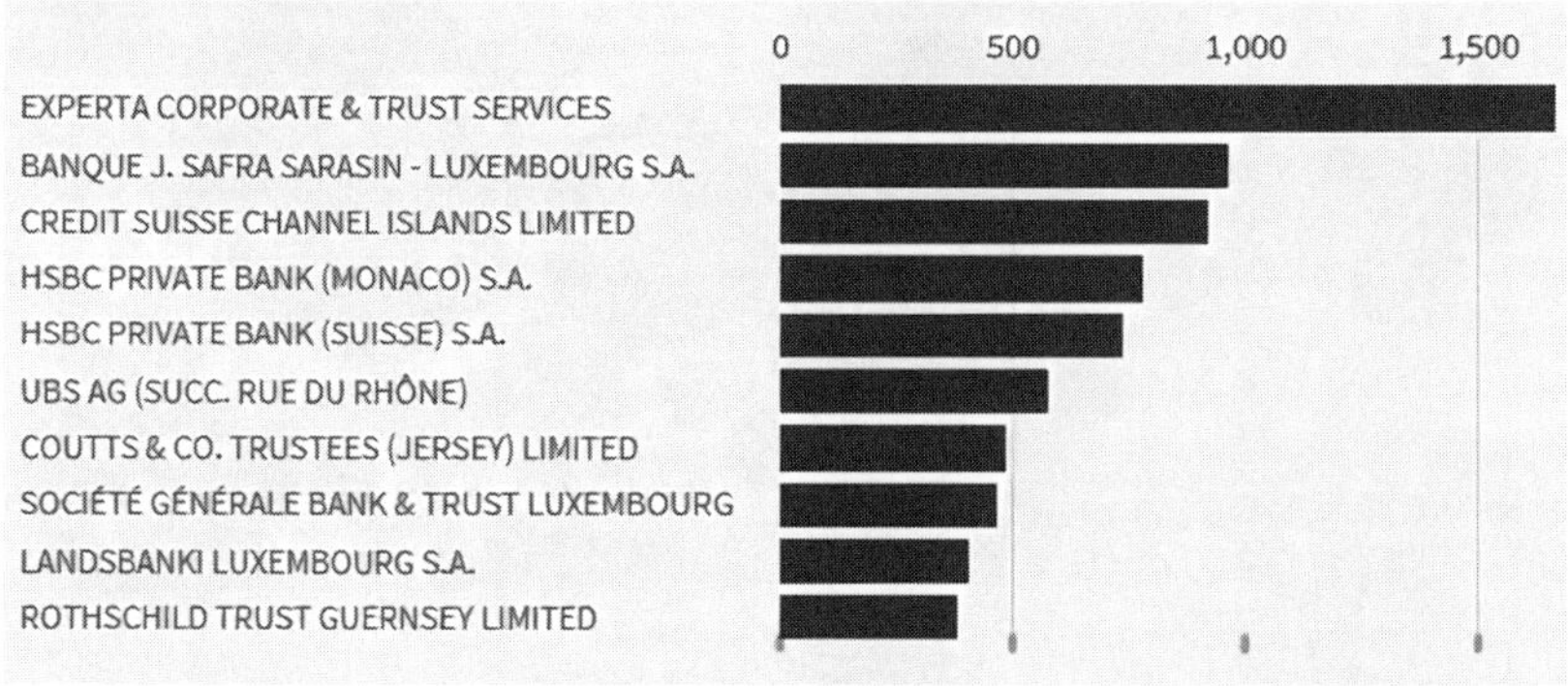

出典：ICIJ Panama Papers

香港、スイス、イギリスなどの仲介者が最も多くのペーパーカンパニーを作っています。

　またグラフ（**図7**）では、ペーパーカンパニー設立に関しては大手金融機関の役割が大きいことがわかります。グラフの1番目と2番目はトラスト会社ですが、3番目がクレディ・スイス、これはスイスのメガバンクです。4番目と5番目がＨＳＢＣというイギリスに本拠を置くメガバンクです。以下、ＵＢＳ、ソシエテ・ジェネラルなどのメガバンクが並び、あわせて500以上の銀行が関わっています。

　銀行とともに四大会計事務や大法律事務所も大きな役割を果たしています。文書にはアーンスト&ヤング、デトロイト、ＫＰＭＧ、プライスウオーターハウスクーパースの四大会計事務所とともに、オフショア法律事務所だけでなくベーカー&マッケンジー、クリフォード・チャンス、アレン&オベリーなど世界の名だたる大法律事務所が、ペーパーカンパニーづくりに加わっていることを明らかにしています。

2. タックスヘイブンとは何か

パナマ文書で焦点となったパナマは、世界地図（図8）上では中央アメリカにあり、パナマ運河で有名な国です。その近くにはカリブ海があり、ケイマン諸島やバージン諸島などのタックスヘイブンが多く散らばっています。さらにアジアには香港、シンガポールなどがあり、太平洋にはマーシャル諸島やその他の多くのタックスヘイブンがあります。ヨーロッパにはスイス、リヒテンシュタインなどがあります。またヨーロッパの中央部にあるオランダ、ベルギー、ルクセンブルクなどは、導管国と言われ、タックスヘイブンとつなぐ役割をはたす国々があります。そしてイギリスとその周辺の島々にも多くのタックスヘイブンがあります。

この図を見てわかるように、タックスヘイブンの多くはイギリスの海外領土、あるいは今は独立国だけれど元植民地であった国です。もちろんそれらはイギリスの影響力が強く及ぶ国です。他方カリブ海はアメリカの裏庭であり、時差も変わらないことからアメリカの企業や金融機関によってよく使われています。またアメリカにはデラウェア州やワイオミング州、ネバダ州など、簡単に法人の設立ができ、ペーパーカンパニーや匿名の会社を作ることができる国内タックスヘイブンがあります。

このように地図上ではばらばらに広がっているように見えるタックスヘイブンですが、その中心がどこかといえば、結局のところイギリスのロンドンであり、アメリカのニューヨークということになるのです。英米両大国こそ最大のタックスヘイブンと言っても過言ではありません。

以上は世界のタックスヘイブンを地図上で表したものですが、これをランク付けするとどうなるのでしょうか。その試みがイギリスに本拠を置く民間団体タックス・ジャスティス・ネットワーク（ＴＪＮ）によって行われています。ＴＪＮの金融秘密度指標（ＦＳＩ）がそれで、2年に一度改訂されていますが、昨年秋、最新版が公表されました。ＦＳＩはタックスヘイブンの特徴である税率の低さだけではなくて、会社設立の容易さとか、企業内容の開示の程度とか、銀行秘密がどの程度かなど、「秘密性」を基準にしていくつかの指標で採点し、その国の金融上の影響度も加味しながら順位を決めています（**表2**）。

このＦＳＩよると、第1位がスイス、次いで2位が香港、そして3位がアメリカになっています。イギリス本国そのものは15位で、順位としてはそれほどでもな

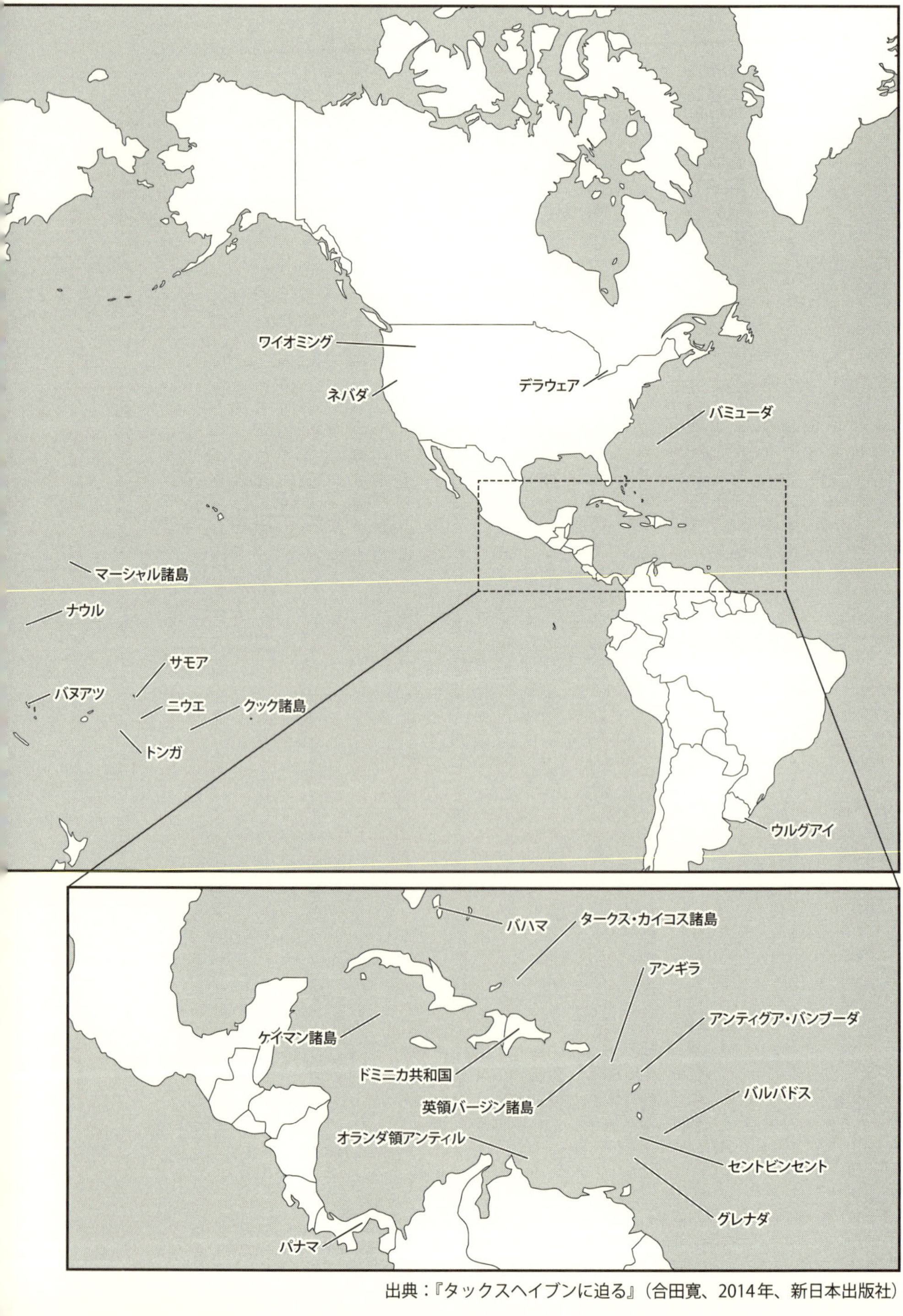

出典：『タックスヘイブンに迫る』（合田寛、2014年、新日本出版社）

【図8】世界のオフショア・タックスヘイブン

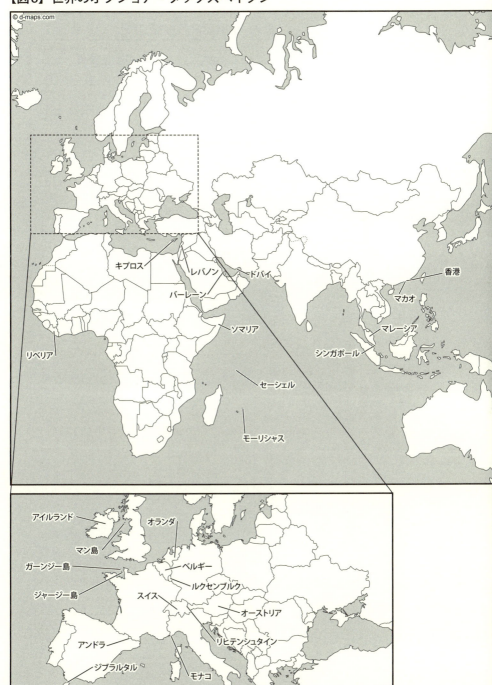

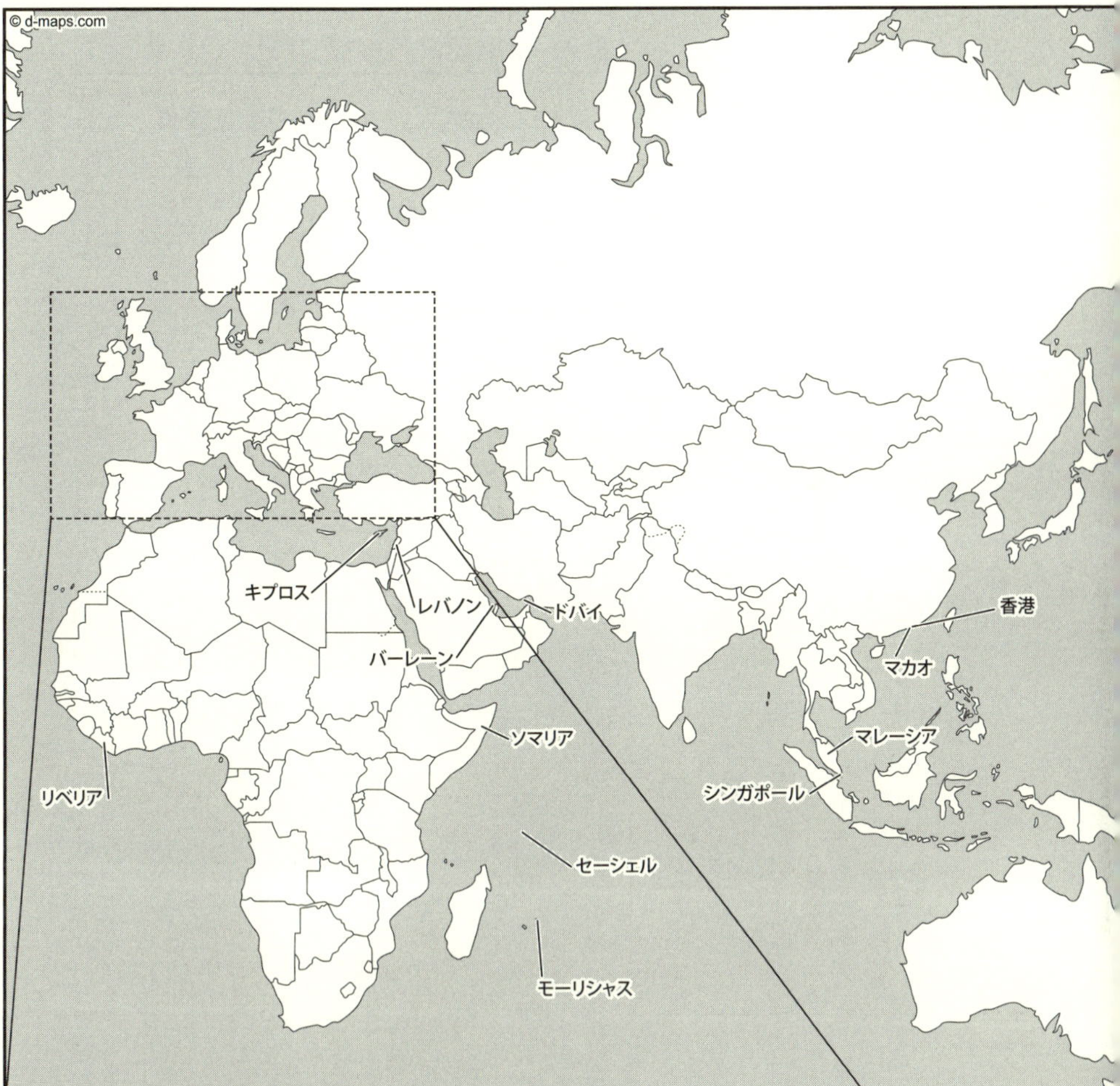

【表2】金融秘密度指標（FSI）ランキング

順位	口・地域名	秘密指数	秘密点	Global Scale Weight
1	スイス	1.466,1	73	5,625
2	香港	1.259,4	72	3,842
3	アメリカ	1.254,8	60	19,603
4	シンガポール	1.147,1	69	4,280
5	ケイマン諸島	1.013,2	65	4,857
6	ルクセンブルグ	817,0	55	11,630
7	レバノン	760,2	79	0,377
8	ドイツ	701,9	56	6,026
9	バーレーン	471,4	74	0,164
10	ドバイ	440,8	77	0,085
11	マカオ	420,2	70	0,188
12	日本	418,4	58	1,062
13	パナマ	415,7	72	0,132
14	マーシャル諸島	405,6	79	0,053
15	イギリス	380,2	41	17,394
16	ジャージー島	354,0	65	0,216
17	ガンジー島	339,4	64	0,231
18	マレーシア	338,7	75	0,050
19	トルコ	320,9	64	0,182
20	中国	312,2	54	0,743
21	バージンアイランド	307,7	60	0,281
22	バルバドス	298,3	78	0,024
23	モーリシャス	297,0	72	0,049
24	オーストリア	295,3	54	0,692
25	バハマ	273,1	79	0,017
26	ブラジル	263,7	52	0,678
27	マルタ	260,9	50	0,990
28	ウルグアイ	255,6	71	0,037
29	カナダ	251,8	46	1,785
30	ロシア	243,3	54	0,397
31	フランス	241,9	43	3,104
32	マン島	228,6	64	0,068
33	リベリア	218,2	83	0,006
34	バミューダ	217,7	66	0,042
35	キプロス	213,9	50	0,518
36	リヒテンシュタイン	202,4	76	0,010
37	マイルランド	187,4	40	2,313
38	ベルギー	181,2	41	1,863
39	ガテマラ	177,2	76	0,007
40	イスラエル	173,8	53	0,166

出典：TJN（タックス・ジャスティス・ネットワーク）

いように見えますが、表の濃く塗られている部分はイギリスの海外領土、イギリスの影響力が非常に強いところで、薄く塗られている部分は同じくイギリスの旧海外領土です。そのような影響力の強い国・地域を含めると、イギリスは秘密度の最も高い国の一つとして言えるのではないかと思います。結局、この表からもイギリス、アメリカという両大国がオフショア・タックスヘイブンにおいて、大きい比重を占め、強い影響力を持っていることがわかります。

ここでオフショア・タックスヘイブンという用語について説明を加えておきます。「オフショア」とは海岸を離れた沖合という意味ですが、ここではオンショア（本国）に適用されているいろいろな規制を免除されて活動ができる法域という意味です。オフショアは特に金融面で規制の緩い国・地域を指しています。そのためにオフショア金融センターとも呼ばれます。オフショアは太平洋やカリブ海に浮かぶ島々だけではなく、オンショアにもオフショアと同じ機能を果たしている法域は多くあります。

その点ではタックスヘイブンも同じで、ヤシの茂る小島のタックスヘイブンもあれば大国の主要都市に存在するタックスヘイブンもあります。税がほとんどなく、透明性に欠けるという特徴を持つタックスヘイブンと、金融規制が緩く秘密性が高いオフショアの法域は多くの場合重なっています。税の側面に重点を置くか、金融の側面に重点を置くかに違いがありますが、両者は事実上一体なので、オフショアとタックスヘイブンはほぼ同義であると考えられます。したがってオフショア・タックスヘイブンという言葉が、もっともその特徴を示す用語であると考えられます。

歴史的に見てもタックスヘイブンの拡大とオフショアの形成は重なり合っています。ケイマン諸島などカリブ海のタックスヘイブンの形成が本格的に始まるのは1960年代ですが、ちょうどこの時期はロンドンにユーロダラー市場が形成される時期でした。ユーロダラー市場というのは、ロンドンでドル建ての金融取引が何の規制も受けることなく行われる市場で、はじめての本格的なオフショア市場と言えるものでした。

この時イギリスはユーロダラー市場とタックスヘイブンとの相乗効果をはかったのです。ケイマン諸島などカリブ海のタックスヘイブンはアメリカとの時差もなく、距離的にも近いので、アメリカの銀行はロンドンへのドル資金の通り道として利用できたし、金融取引の記帳センターとしても利用できました。もちろん税の軽減もできたのです。またイギリスの銀行も、ジャージー、ガンジー、マン島などのタックスヘイブンを利用し、非居住者としてロンドンのユーロダラー市場に参加することができたのです。

オフショア・タックスヘイブンとは何か、まとめると次のようになります。

まず第一に、オフショア・タックスヘイブンは、不透明で秘密に閉ざされた社会であり、非常に複雑で多層な構造から成っているということです。第二に、オフショア・ヘイブンは巨大企業や富裕者の利用のために形成され、先進国政府によって支えられている秘密の領域であること。第三に、オフショア・ヘイブンはメガバンクや4大会計事務所、法律事務所、トラスト会社などのビジネスによって支えられており、一般社会とは別のルールが支配する法的に隔離された社会であるということ。第四に、オフショア・ヘイブンは巨大企業や富裕者による税逃れだけではなくて、犯罪や違法行為が行われ、その資金ルートを提供したり、またはマネーロンダリングの場として利用されています。最後に多くのオフショア・ヘイブンはイギリス、アメリカ両国の強い影響力の下にあり、タックスヘイブンのネットワークの中心には、ロンドン、ニューヨークの存在があるということです。

以上のことから、オフショア・タックスヘイブンは民主主義のもとで作られたルールを否定し、民主主義を内部から掘り崩す危険な世界であると言えます。

3. オフショア・タックスヘイブンの何が問題か

オフショア・タックスヘイブンの何が問題なのでしょうか。最大の問題は担税力を有し、それにふさわしい税を負担すべき巨大企業や富裕者が、これを利用して巨額の税金を逃れているということです。巨大企業や富裕者が税を逃れれば、税収に大きな穴があきます。各国の財政は緊縮政策を迫られ、社会保障など必要な公共支出を削減する一方、消費税の増税など、不足する税収を勤労者の肩に負わせようとしています。

巨大企業や富裕者はどれだけの税金を逃れているのでしょうか。IMF（国際通貨基金）のレポートはBEPS（税源浸食と利益移動）による長期的な税収ロスとして、途上国と先進国を合わせて6500億ドル（71・5兆円）という試算を出しました（**図9**）。では1年間ではどれぐらいの税収ロスがあるでしょうか。昨年秋に出されたOECDの報告書によると、多国籍企業がタックスヘイブンを利用して逃れた法人税額は1000億ドル（11兆円）～2400億ドル（26・4兆円）

【図9】オフショア・タックスヘイブンによる税収ロス

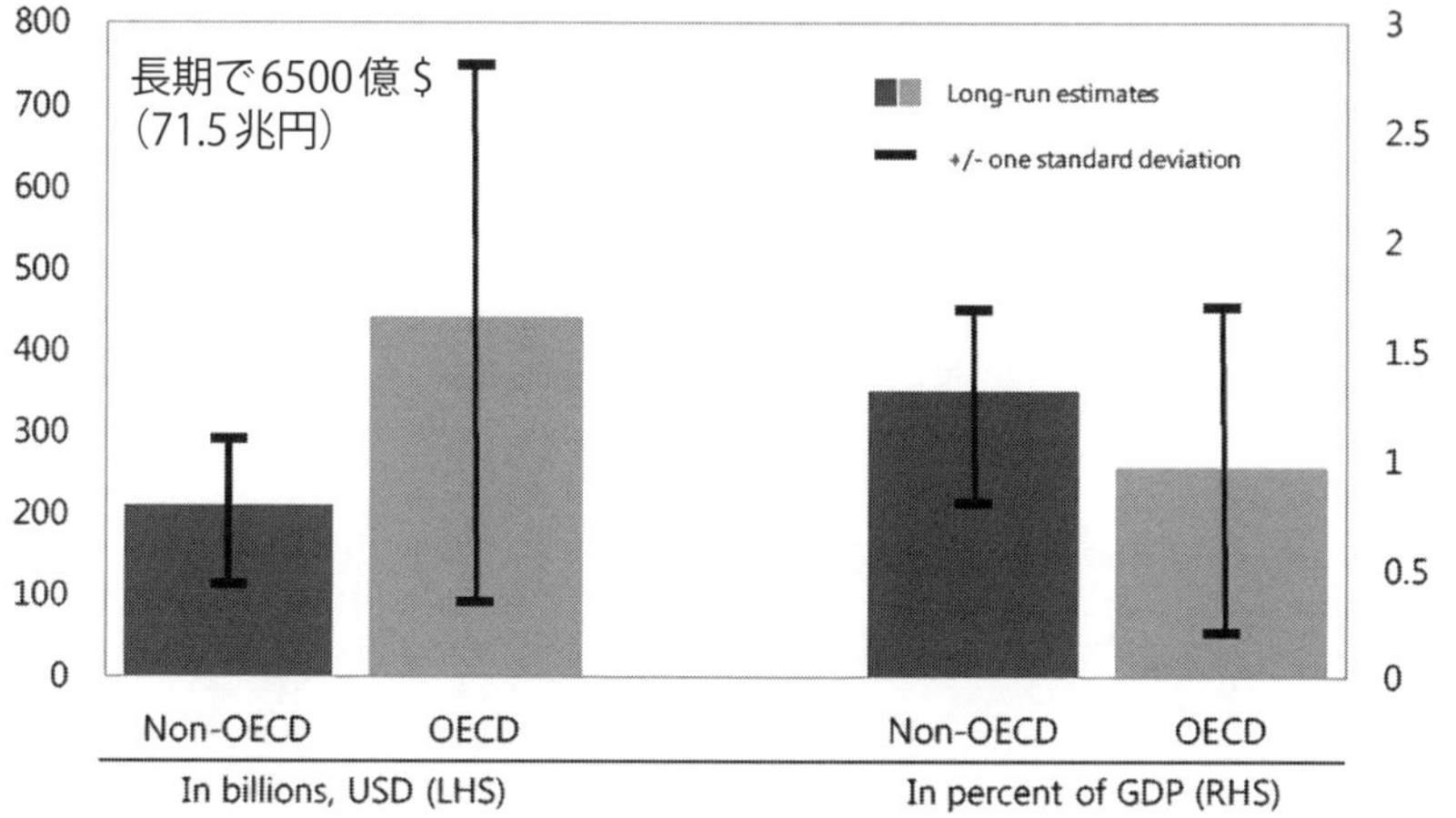

Short-run estimates

	USD, billions	Percent of GDP
Non-OECD	28	0.2
OECD	95	0.2

短期で1230億＄（13.5兆円）

出典：IMF working paper “Base Erosion,Profit Shifting and Developing Countries”May 2015

になると試算しています。これは世界の法人税収の4%〜10%にも達する金額です。

これは多国籍企業による税収ロスの試算ですが、さらにこれに加えて富裕者個人による税収ロスがあります。ピケティの教え子のガブリエル・ズックマンがこれを試算しています。彼によるとオフショア個人資産の残高は控えめにみても7・6兆ドルあり、その税収ロスは年間1900億ドル（21兆円）あるとみています。企業分と個人分を合わせると単純計算ですが、30兆円～50兆円ぐらいあるということになります。世界でこれだけの税収が1年間に失われていることになります。ズックマンの言葉によると控えめにみてもということですから、実際にはもっとあると考えても差し支えないと考えられます。

次に、日本ではどれぐらいの税収ロスがあるのかということになります。世界の中での日本の経済規模や多国籍企業、富裕者の割合などを考慮してそれを大雑把に約1割と仮定すると、日本における税収ロスは少なくとも3兆円～5兆円ぐらいではないかと推定できます。5兆円というと消費税の2％分ぐらいになりますから、これは無視できる金額ではないと思います。

オフショア・タックスヘイブンが引き起こしている問題は税収の問題だけではありません。今、世界的に問題になっている格差の拡大・不平等を加速する最大の原因になっているのです。

今年の初めにオックスファム（Ｏｘｆａｍ）というイギリスの団体が調査したところによると、世界で62人の超富裕者が持つ富は下位半数の36億人が持つ富を上回っているというのです。しかも富裕者の富は過去5年間で45％という急激な増え方をしています。もちろんそれには新たな富の獲得という理由もあるかもしれませんが、やはり税を逃れることによって膨らんだ部分が非常に大きいのではないかと

【図10】タックスヘイブンは不平等の中心問題

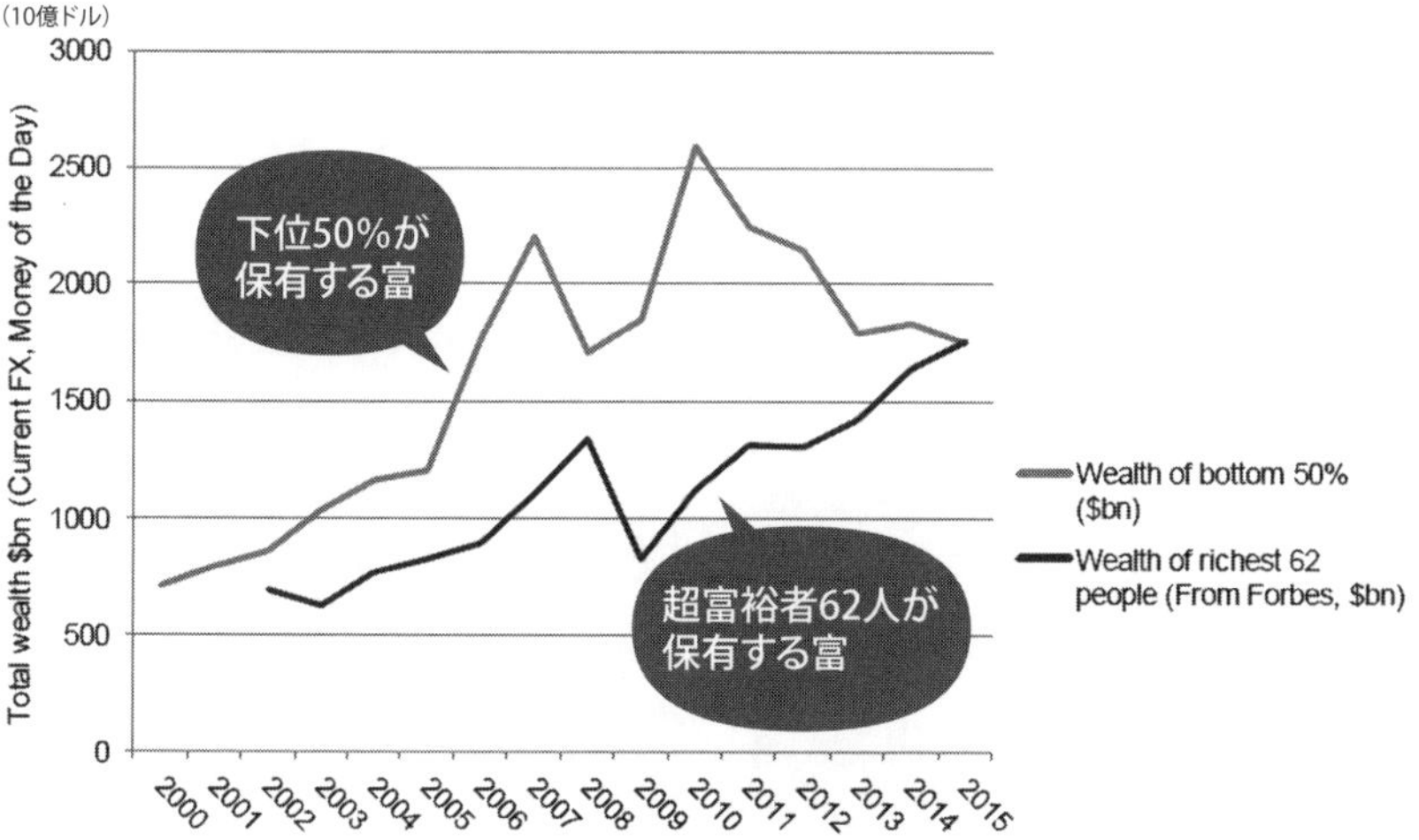

出典：Oxfam [An Economy For the 1% 18 Jan 2016]

思います（図10）。オックスファムは世界の指導者がタックスヘイブンの時代を終わらせない限り、この極端な不平等はなくならないと結論づけています。

クリスティーヌ・ラガルドＩＭＦ専務理事やジム・ヨン・キム世界銀行総裁のような、これまで格差より成長を重視してきた世界の指導者でさえ、パナマ文書を契機に、以下のように述べ、この問題を深刻に受け止めています。「パナマ文書によって暴露された大規模な国際的な課税逃れは『重大な関心事』であり、貧困を終わらせる我々の使命に極めて否定的影響を持つ」。

【図11】途上国から資金の収奪（税を納めないだけではなく、利益を持ち出す）

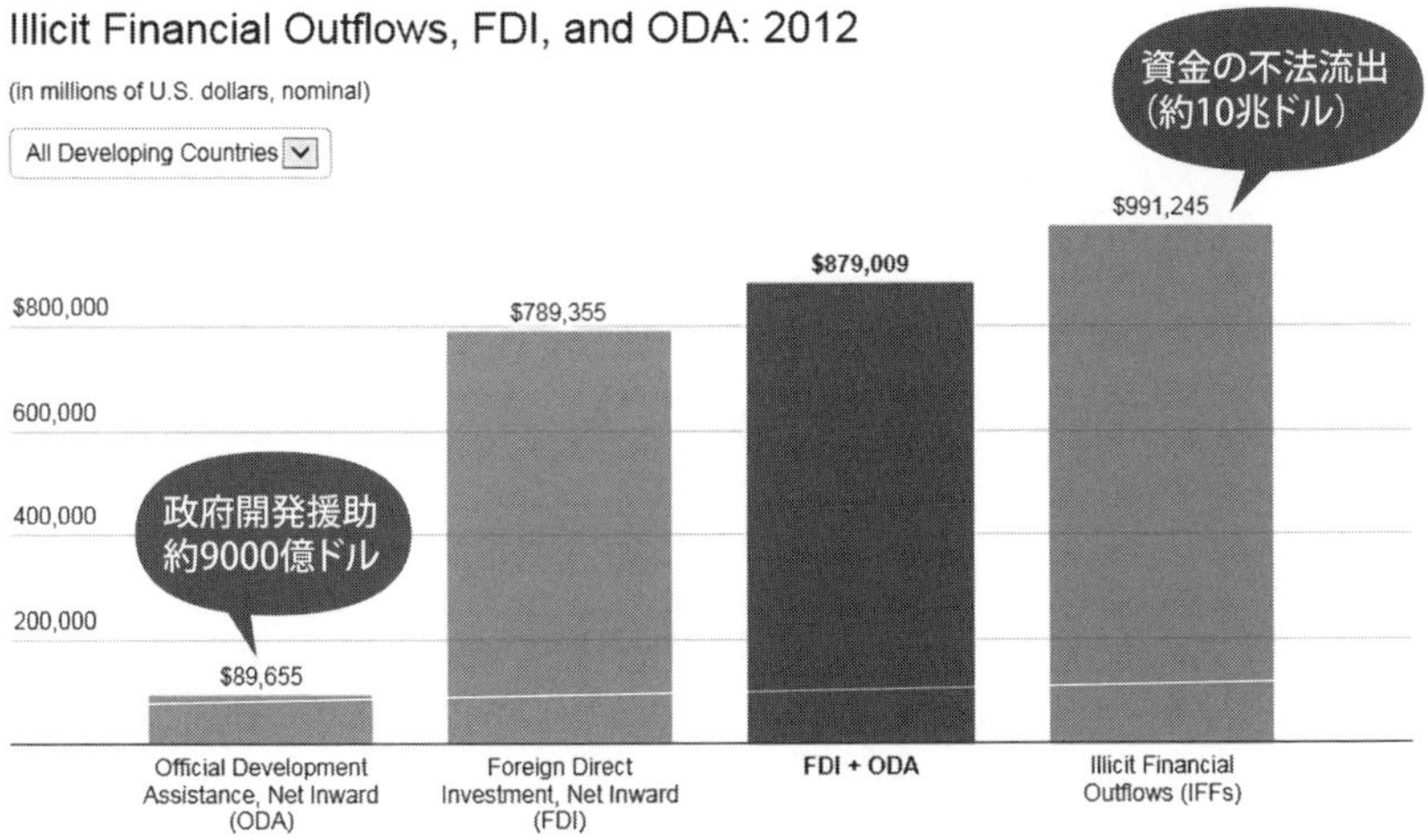

出典：GFI Illicit Financial Flows from Developing Countries: 2003-2012

また三つ目の大きな問題は、タックスヘイブンによって、もっとも大きな被害を受けているのは途上国であるということです。グラフ（**図11**）の一番左の棒グラフは政府開発援助、つまり先進国が途上国に対して行う援助（ODA）ですが、これがこの10年間で約9000億ドルあります。それに対して、逆に途上国から多国籍企業などが不法に持ち出している額が約10兆ドル、つまり10倍以上あります。先進国が途上国に対していくら援助をしても、その金額の10倍ぐらいがタックスヘイブンを利用した形で不法流出している。

そのために途上国はいつまでも貧困から抜け出すことができない、そういう悪循環が繰り返されています。

タックスヘイブンの問題は日本ではこれまであまり問題にされることはありませんでした。今回のパナマ文書の公開以降はいくらか注目はされるようになっていますが、今まではほとんど無視されていました。では日本にはタックスヘイブンの問題はないのかというと、それは違います。

日本の大企業の多くはタックスヘイブンに、多くの子会社を持っています。有価証券報告書で公開されているものだけでも、それは明瞭です。たとえばみずほ銀行グループはケイマン諸島だけでも41の子会社を持っています。

またそのタックスヘイブン子会社の数も急増する傾向にあります。タックスヘイブン対策税制に基づいて申告された日本企業のタックスヘイブン子会社の数は急増しています。国税庁によるとこの子会社数は９２７０社（２０１４年度）あり、この10年間で約2倍に増えています。申告された子会社だけでもこれだけの数があるのであれば、ペーパーカンパニーを使った子会社を含めるとさらに多いことが想像されます。

ケイマン諸島に対する日本の証券投資残高はアメリカに次いで多く、74兆円に達しています（2015年末）。他方日本の金融機関がオフショア向けに持っている債権残高、貸出残高は約94兆円あり、これは日本の金融機関の海外債権残高の約3割に達しています。そのうちケイマン諸島に対しては約57兆円の貸出残高がありす。ケイマン諸島に対する巨額の証券投資や貸出残高は何を示しているでしょうか。ケイマン諸島では事業目的の投資や貸出を行う企業や個人は考えられないので、税のがれ目的でペーパーカンパニーに資金を隠すためであったり、あるいはケイマンを中継地点にしてどこか他の国に運用されたり投資されたりしているものと考えられます。

またケイマン諸島を巡って、アメリカ―イギリス―ケイマンという資金の流れの三角関係が形成されており、主にヘッジファンドのための資金の中継地点になっているといわれています。日本からの巨額の資金は、その構造を支える重要な役割を担っているのです。

以上は企業関係の数字ですが、個人のケースではどうでしょうか。個人の富裕者は日本でもかなり増えています。金融資産を1億円以上保有する富裕者が日本には約100万人ほどいると推測されています。国税庁によると、そのうち1割前後は国外にも財産を持っていると考えられます。日本では海外に5千万円以上の財産がある人には、国外財産調書を提出することが義務付けられていますが、2014年度の提出者数はわずか8184件しかありません。10万人のうちの1割にも満たないのです。では残りの9割の人たちはどうしているかと言えば、それはおそらくタックスヘイブンに隠しているのではないかという想像が十分に成り立つと思います。

今まで述べたことは日本の大企業や富裕者がタックスヘイブンを利用して税逃れをしているということでしたが、他方、アップルやスターバックスなど海外の多国籍企業が日本を舞台にして高収益をあげながら、日本で税金を納めているのかという問題があります。

実はこの点が今、ヨーロッパ諸国では大問題になっています。アップル社やグーグル、スターバックスなどの多国籍企業が税金をまったく払っていない事実が明らかとなり、それに対する圧力が強まり、実際に払わせる動きが強まっています。ところが日本ではこのような動きもなければ報道もありません。海外で税を納めていないこれらの企業が、日本でまともに税金を納めているとは思えません。しかしヨーロッパで行われているような動きが日本でまったくないというのも異常ではないかと思います。

4. 税逃れを許さない――改革の可能性

多国籍企業による税逃れに対する取り組みは2013年ごろからようやく始まりました。そのきっかけになったのが2013年にイギリスで行われたG8サミットです。ここで「ロック・アーン宣言」（2013年6月18日）が首脳間で確認されました。この宣言の内容は、①各国の課税当局は情報を自動的に共有すべきである、②各国は利益を国境の外に移すことができるルールを変更すべきであり、多国籍企業はどの税をどこで納めるかについて税当局に報告すべきである、③法人は真の所有者を把握し、課税当局はその情報を容易に入手できなければならないという内容です。

次いでその年の9月にはロシアのサンクトペテルブルグで行われたG20のサミット（2013年9月5日、6日）で合意された宣言が重要です。この宣言は第一に、税源侵食・利益移転（BEPS）への対処を目的としたOECDの野心的で包括的な行動計画を支持する、第二に、経済活動が行われ、価値が創出される場所で、利益が課税されるべきであること。つまり多国籍企業は勝手に利益をタックスヘイブ

各国で強まる多国籍企業課税の動き

- イタリア当局はアップル社による2008~2013年にわたる8億ユーロを税逃れと判定、アップルイタリアは3億1800万ユーロ（3億4800万ドル）の支払に合意（2015年12月30日、BBC）。
- EU委員会はベルギーが35社の多国籍企業に違法な税逃れを認めていたと判定。ベルギー政府は5億3千万ユーロの税の支払を命じた。同様にルクセンブルクはファイアットに2250万ユーロ、オランダはスターバックスに3千万ユーロの税の支払を命じた（2016年1月12日、ガーディアン）。
- アップル社はEU委員会による80億ドルの税の支払要求に抵抗している（2016年1月22日、ブルームバーグ）。
- イギリスはグーグルと1億3千万ユーロの支払に合意。過去10年間72憶ユーロの利益に対して2億ユーロしか納税していない（2016年1月23日、ガーディアン）。
- フランスはグーグルに5億ユーロ（5億5千万ドル）支払を求める（2016年1月30日、エコノミスト）→16憶ユーロ（2016年2月27日、カンバセーション）。
- イタリア検察はグーグルを2億2700万ユーロ（2億5700万ドル）の税逃れの疑いで調査（2016年2月11日、ロイター）。
- フランスの捜査当局はグーグルのパリ支店を捜索。（2016.5.24）
- ヨーロッパ議会はパナマペーパー調査特別委員会創設。
  イギリス蔵相などハイレベルの人物を呼ぶ予定。

ンにシフトしている現状は改めなければならないということです。そして第三に多国籍企業が低税率の国・地域に利益を人為的に移転することによって支払う税の総額を削減することを許容、または奨励しないようにするという内容です。

ＢＥＰＳプロジェクト　15の行動計画

行動1	デジタル経済に対応する（電子商取引課税）。
行動2	ハイブリッド(事業体、商品)によるミスマッチ・アレンジメントを解消する。
行動3	外国子会社合算課税（ＣＦＣ税制）を強化する。
行動4	利子等の金融費用の損金算入による税源侵食を制限する。
行動5	透明性と経済実態を考慮しつつ有害税制に効果的に対応する。
行動6	租税条約の濫用を防止する。
行動7	恒久的施設（ＰＥ）認定の人為的な回避を防止する。
行動8	移転価格を価値の創造と同調させる　①無形資産
行動9	移転価格を価値の創造と同調させる　②リスクと資本
行動10	移転価格を価値の創造と同調させる　③他の租税回避の可能性の高い取引
行動11	ＢＥＰＳに関するデータを収集し分析する手法を確立する。
行動12	納税者に対してアグレッシブな税務プランニングの開示を義務化する。
行動13	移転価格の文書化を再検討する。
行動14	紛争解決メカニズムの有効性を向上させる。
行動15	多国間の仕組みを構築する。

これらのサミットの宣言にもとづいてＯＥＣＤが具体的な対策に乗り出しました。これがいわゆる「ＢＥＰＳ行動計画」というものです。２年間の作業を経てまとめられたのが、昨年９月に出された最終報告書です。それが同年11月にトルコで行われたＧ20サミットで合意がなされ、さらに今年５月に開かれた伊勢・志摩サミットで確認され今日に至っています。

「ＢＥＰＳ最終報告書」の内容は非常に膨大なもので、

15の行動計画からなっています（**図12**）。財務省の説明によると15の行動計画は大きく三つの内容に分けられます。

最初の柱が図の〈A〉の部分で、「グローバル企業は払うべき（価値が創造される）ところで税金を支払うべきとの観点から、国際課税原則を再構築」するというものです。つまり実際に経済が行われて価値が創造されたところで課税するという、先ほど述べたサミットの宣言が第一の柱にあげられています。第二の柱が〈B〉の部分で、「各国政府・グローバル企業の活動に関する透明性向上」です。つまり企業の活動はこれまで必ずしも十分に透明ではなかったので、これを透明化することが大事だということです。次いで第三の柱が〈C〉の部分です。これは「企業の不確実性の排除（予見可能性）」というもので、企業自身にとっても不確実性をなくせば、将来を確実に予見できるということを示すものです。なお図のⒷの項目はベストプラクティス、すなわちやることが望ましいとされる項目で、Ⓜの項目はミニマム・アクセス、すなわち最低限やらなければいけないという義務的な項目です。

15項目すべてを説明することはできませんが、いくつかのポイントについて説明を加えておきましょう。

【図12】BEPSプロジェクト最終報告書の概要

A. グローバル企業は払うべき（価値が創造される）ところで税金を支払うべきとの観点から、国際課税原則を再構築〔実質性〕

（1）電子経済の発展への対応

電子経済に伴う問題への対応について、海外からのB2C取引に対する消費課税のあり方等に関するガイドラインを策定した。

※電子経済を利用したBEPSについては、他の勧告を実施することで対応可能。更に、消費課税やＢＥＰＳ対抗措置で対応できない問題について、物理的概念の存在を根拠として課税する現行の税制とは異なる課税方法の可能性等について、検討を継続。

行動1　電子経済の課税上の課題への対応　→　27年度税制改正で対応済み

（2）各国制度の国際的一貫性の確立

各国間の税制の隙間を利用した多国籍企業による租税回避を防止するため、各国が協調して国内税制の国際的調和を図った。

Ⓑ**行動2　ハイブリッド・ミスマッチ取極めの効果の無効化**　→　27年度税制改正で対応済み
行動3　外国子会社合算税制の強化　→　今後、法改正の要否を含め検討
Ⓑ**行動4　利子控除制限**　→　今後、法改正の要否を含め検討
Ⓜ**行動5　有害税制への対抗**　→　既存の枠組みで対応

（3）国際基準の効果の回復

伝統的な国際基準（モデル租税条約・移転価格ガイドライン）が近年の多国籍企業のビジネスモデルに対応できていないことから、「価値創造の場」において適切に課税がなされるよう、国際基準の見直しを図った。

Ⓜ**行動6　条約濫用の防止**　→　租税条約の拡充（含行動⑮）の中で対応
行動7　人為的なPE認定回避　→　租税条約の拡充（含行動⑮）の中で対応
行動8-10　移転価格税制と価値創造の一致　→　今後、法改正の要否を含め検討

B. 各国政府・グローバル企業の活動に関する透明性向上〔透明性〕

（4）透明性の向上

多国籍企業による租税回避を防止するため、国際的な協調のもと、税務当局が多国籍企業の活動やタックス・プランニングの実態を把握できるようにする制度の構築を図った。

行動5　ルーリング（企業と当局間の事前合意）に係る自発的情報交換
行動11　BEPS関連のデータ収集・分析方法の確立
行動12　タックス・プランニングの義務的開示　→　今後検討
Ⓜ**行動13　多国籍企業情報の報告制度（移転価格税制に係る文書化）**　→　28年度税制改正で対応予定

C. 企業の不確実性の排除〔予見可能性〕

（5）法的安定性の向上

BEPS対抗措置によって予期せぬ二重課税が生じる等の不確実性を排除し、予見可能性を確保するため、租税条約に関連する紛争を解決するための相互協議手続きをより実効的なものとすることを図った。

Ⓜ**行動14　より効果的な紛争解決メカニズムの構築**　→　対応済み

（6）BEPSへの迅速な対応

BEPS行動計画を通じて策定される各種勧告の実施のためには、各国の二国間租税条約の改正が必要なものがあるが、世界で無数にある二国間租税条約の改定には膨大な時間を要することから、BEPS対抗措置を効率的に実現するための多数国間協定を2016年末までに策定する。

行動15　多国間協定の開発　→　参加予定

出典：財務省ホームページ

【図13】

行動13　多国籍企業の企業情報の文書化

【課題】　多国籍企業グループによるグループ内取引を通じた所得の海外移転に対して、適正な課税（移転価格課税）を実現するため、多国籍企業グループの取引の全体像に関する情報が必要。

【対応】　多国籍企業グループに対し、国ごとの所得、経済活動、納税額等に関する情報を、共通様式にしたがって、各国税務当局に報告させる。親会社が作成する文書の子会社所在国への提供方法について、OECDにおいて引き続き検討。

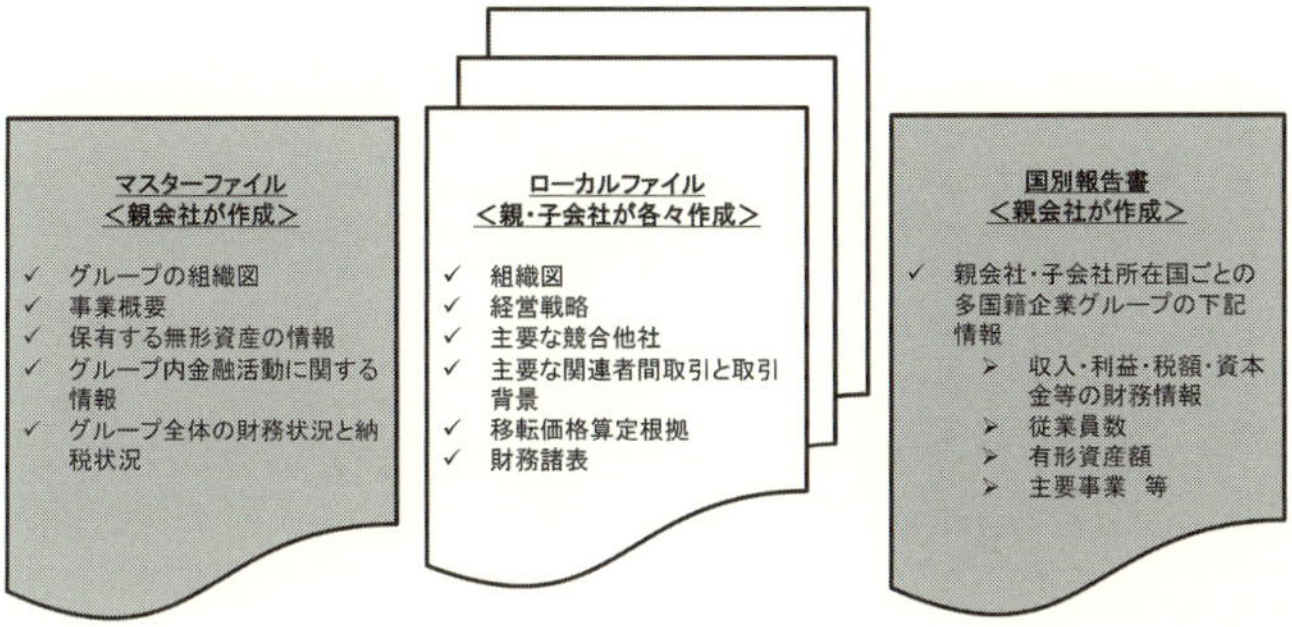

12

出典：財務省ホームページ

まず〈行動13〉の「多国籍企業の企業情報の報告制度（移転価格税制に係る文書化）」（**図13**）です。ここで多国籍企業に三つの文書の提出を求めています。三つの文書とはローカルファイル、マスターファイル、「国別報告書」の三つです。ローカルファイルは主要な関連事業者の間の取引の状況などを示すものです。マスターファイルはグループ全体の組織図や事業概要を示すものです。そして三つ目の「国別報告書」が一番重要なもので、これは多国籍企業が各国で行った事業による総収入や利益、支払った税額などいくつかの項目を子会社のある国ごとに報告させるものです。これが完全に実施されると、今までのように勝手にタックスヘイブンに利益を移し替えたりすることができなくなるという意味で、非常に重要な文書です。

しかし問題もあります。当初のOECDの原案では、親会社も子会社もそれぞれ事業を行う国に報告すべきこととされていたのですが、報告書作成の途中で巻き返しが強まり、特に日本経団連などの強い反対を受け入れ、親会社のある国の当局にだけ報告すればよく、子会社については、国同士の情報交換ルートで間接的に入手することができるという制度に弱められてしまいました。情報交換のルートがある国と国との間なら入手が可能かもしれないけれど、相手の国との間に情報交換のルートがない場合には、なかなか情報も得にくいということになります。

次に、「恒久的施設」の問題があります（図14）。これは、ある国の企業が他の国で企業活動をする場合、通常、支店や支社など（恒久的施設）を置きますが、その支店等を受け入れている国は、当然その支店等に対して課税することができます。ところが企業の側は課税を避けるために、これは支店ではない、あるいは恒久的施

【図14】

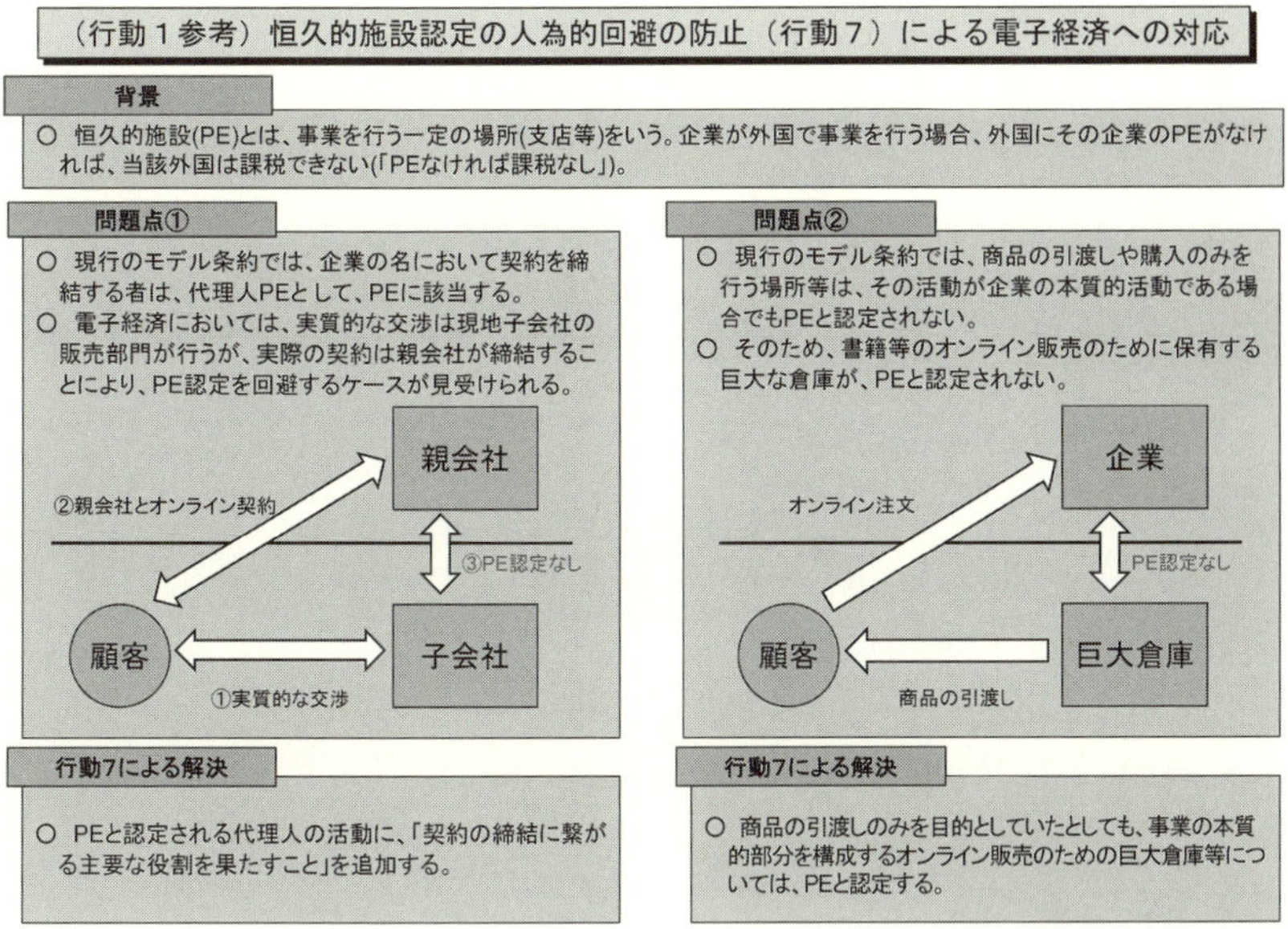
（行動１参考）恒久的施設認定の人為的回避の防止（行動７）による電子経済への対応
背景
○ 恒久的施設(PE)とは、事業を行う一定の場所(支店等)をいう。企業が外国で事業を行う場合、外国にその企業のPEがなければ、当該外国は課税できない(「PEなければ課税なし」)。
問題点①
○ 現行のモデル条約では、企業の名において契約を締結する者は、代理人PEとして、PEに該当する。
○ 電子経済においては、実質的な交渉は現地子会社の販売部門が行うが、実際の契約は親会社が締結することにより、PE認定を回避するケースが見受けられる。
親会社
②親会社とオンライン契約
③PE認定なし
顧客
子会社
①実質的な交渉
問題点②
○ 現行のモデル条約では、商品の引渡しや購入のみを行う場所等は、その活動が企業の本質的活動である場合でもPEと認定されない。
○ そのため、書籍等のオンライン販売のために保有する巨大な倉庫が、PEと認定されない。
企業
オンライン注文
PE認定なし
顧客
巨大倉庫
商品の引渡し
行動7による解決
○ PEと認定される代理人の活動に、「契約の締結に繋がる主要な役割を果たすこと」を追加する。
行動7による解決
○ 商品の引渡しのみを目的としていたとしても、事業の本質的部分を構成するオンライン販売のための巨大倉庫等については、PEと認定する。

出典：財務省ホームページ

設ではないという口実を設け、課税から逃がれようとします。これが日本ではアマゾンの事例として争われました。

アマゾンは市川などに巨大な倉庫を持っています。国税庁がこれを恒久的施設と認定し、2009年に日本での納税を求める課税処分をしたのですが、アマゾン側は、これは恒久的施設ではなく、売買契約はアメリカのシアトルにある本社との間で行われていると主張、結局日米両政府間の交渉に持ち込まれ、課税処分は取り消されてしまいまし

【図15】

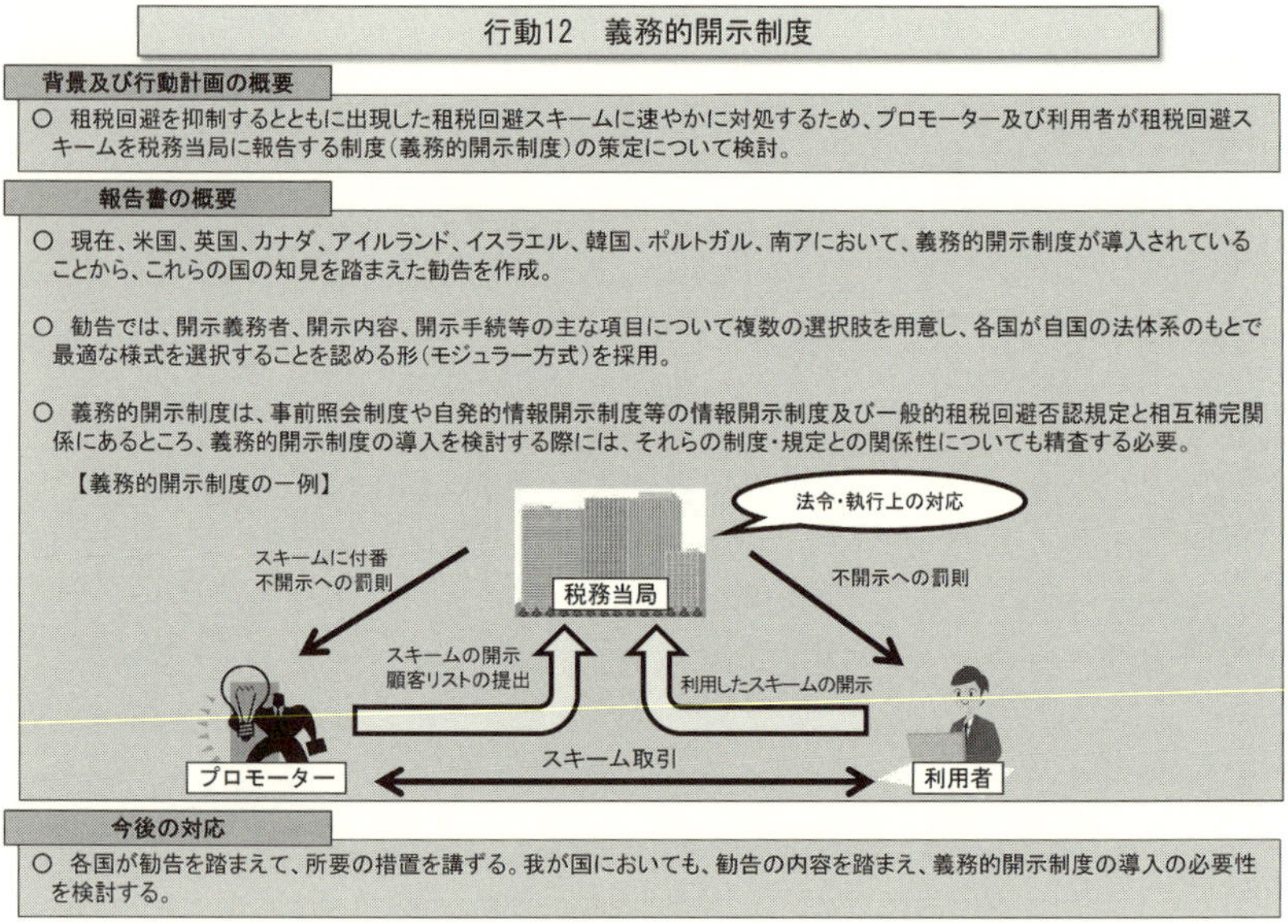
行動12　義務的開示制度
背景及び行動計画の概要
○ 租税回避を抑制するとともに出現した租税回避スキームに速やかに対処するため、プロモーター及び利用者が租税回避スキームを税務当局に報告する制度（義務的開示制度）の策定について検討。
報告書の概要
○ 現在、米国、英国、カナダ、アイルランド、イスラエル、韓国、ポルトガル、南アにおいて、義務的開示制度が導入されていることから、これらの国の知見を踏まえた勧告を作成。
○ 勧告では、開示義務者、開示内容、開示手続等の主な項目について複数の選択肢を用意し、各国が自国の法体系のもとで最適な様式を選択することを認める形（モジュラー方式）を採用。
○ 義務的開示制度は、事前照会制度や自発的情報開示制度等の情報開示制度及び一般的租税回避否認規定と相互補完関係にあるところ、義務的開示制度の導入を検討する際には、それらの制度・規定との関係性についても精査する必要。
【義務的開示制度の一例】
法令・執行上の対応
税務当局
スキームに付番
不開示への罰則
不開示への罰則
スキームの開示
顧客リストの提出
利用したスキームの開示
スキーム取引
プロモーター
利用者
今後の対応
○ 各国が勧告を踏まえて、所要の措置を講ずる。我が国においても、勧告の内容を踏まえ、義務的開示制度の導入の必要性を検討する。

出典：財務省ホームページ

た。しかし「BEPS報告書」では「恒久的施設」を広く解釈することとされており、巨大倉庫などについては恒久的施設と認定されることになります。

さらに税逃れのスキームの届け出に関しても、BEPS報告書には進展が見られます（図15）。税逃れは多くの場合、会計事務所などがその仕組みを作成し、それを顧客に売ることによって、税逃れを助ける形をとります。したがって税逃れの仕組みを作成した側、もしくはその仕組みを利用した側に、その仕組みを開示させることができれば、税逃れを防ぐことができます。ＢＥＰＳ報告書は税逃れの仕組みの義務的な開示制度を確立するための検討を求めています。

ただ、「ＢＥＰＳ行動計画」はすべてがすべて義務的なものではありません。「国別報告書」の届け出は義務的事項とされていますが、課税逃れの仕組みの義務的開示制度などは、今後各国が取り組むべき課題として検討すべき事項の一つなので、義務的事項ではありません。しかしながら日本政府はこれらの課題に前向きに取り組むべきだと思います。

他方、ＢＥＰＳプロジェクトと並行して、「金融情報の自動交換制度」の取り組みが進展しました（**図16**）。これはＯＥＣＤのグローバルフォーラムが進めてきたもので、金融情報、つまり自国にある外国人の預金や証券の保有残高、及びそこから生まれた利子や配当などの所得を本国、つまり居住国の課税当局に自動的に知らせる、お互いに知らせ合うという制度です。自動情報交換制度が実施されると、タックスヘイブンなどにお金を隠すことが難しくなり、税逃れを防ぐ有力な武器となります。この制度はすでに１００カ国以上の国が合意しており、２０１７年度以降、順次各国で始まります。日本は２０１８年度から始める予定になっています。

【図16】

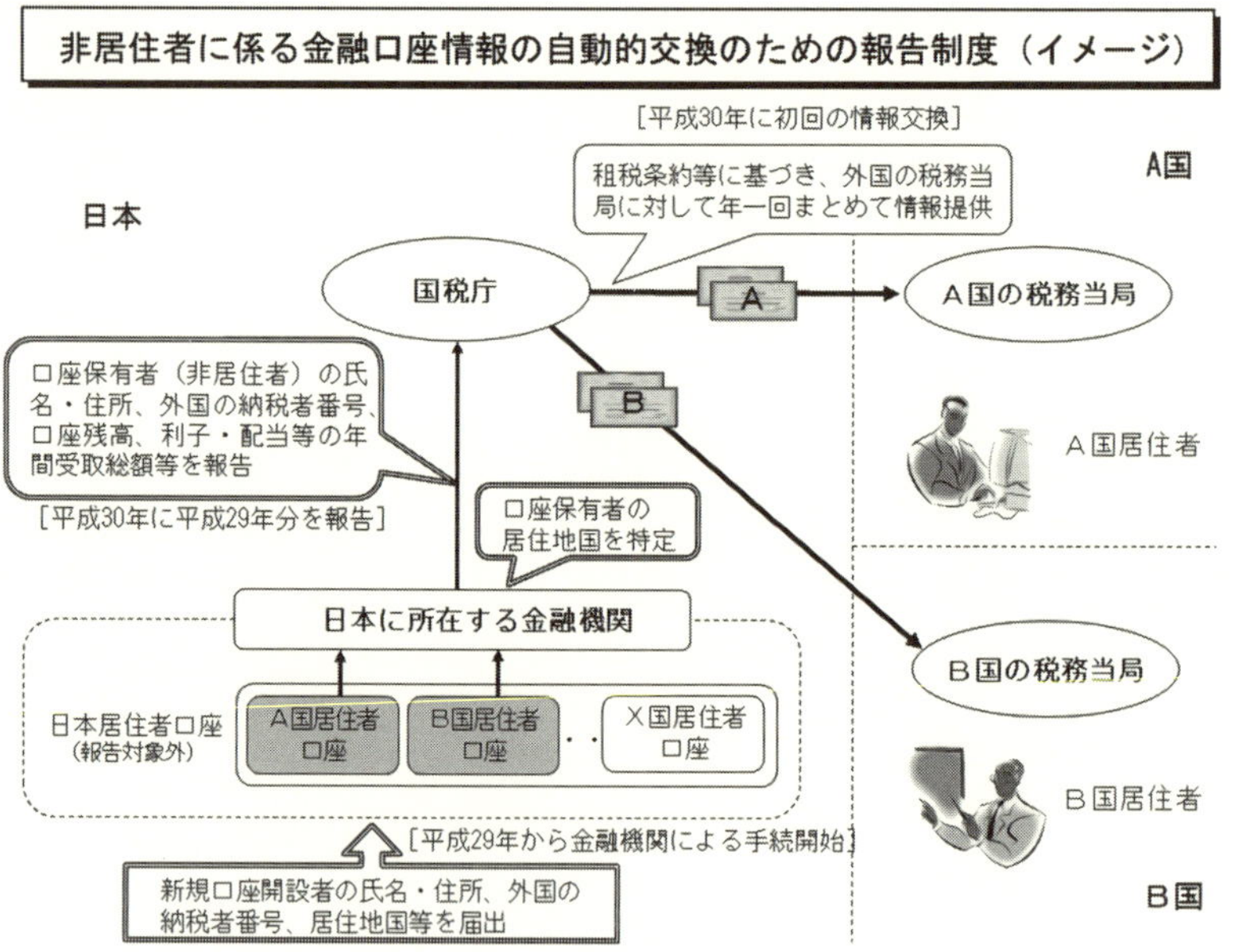

出典：財務省ホームページ

私たちはどう対応すべきか

BEPSプロジェクトに対して、私たちはどう対応していくべきでしょうか。

BEPS報告書はOECDによってまとめられたものですが、報告書をまとめるにあたって、OECDの租税委員会委員長である財務省の浅川雅嗣氏が、努力を払ってきたことは大いに評価されるべきです。しかし日本政府がBEPSプロジェクトに関して、主導的な役割を果たしたかといえば、そうではありません。BEPSプロジェクトは、もともとサミットの宣言にもとづいて取り組まれてきたもので、日本側は経団連などの巻き返し策動に見られるように、しばしば後ろ向きの対応がみられました。

アップルやグーグルなど欧米の多国籍企業と比べると、日本の企業は国際的な課税逃れに関して、現状では出遅れていることは確かです。そのために国際的な競争上、不利な立場に置かれているともいえます。しかしだからといって欧米を追いかけて、課税逃れでも対等に競争しようと考えても、かなうわけはありません。

課税逃れ競争ではなく、日本はＢＥＰＳプロジェクトの諸課題の実現に向け、国際的な指導力を発揮することによって、対等な競争条件を獲得していくべきではないでしょうか。それによって各国は、ＢＥＰＳによって失われた巨大な税収を取り戻すことができ、さらには世界経済の不安定要因を取り除くことができるのです。

もちろんＢＥＰＳ報告書には不十分な面も多くあり、さらに取り組まなければならない課題はたくさんあります。例えば「国別報告書」提出や金融情報の自動交換制度についても、あらゆる国が例外なく参加しなければ、そこが抜け穴になってしまいます。またこれらの情報や報告を課税当局だけが握り、公開されなければ、市民の監視が行き届きません。情報は基本的には公開するという方向が望ましいのです。ヨーロッパでは多くの市民運動の声に押され、会社の実質的所有者や「国別報告書」を一般に公開する動きも出ています。

さらにＢＥＰＳプロジェクトには根本的な弱点があります。それは多国籍企業のグループの子会社を、それぞれが独立した会社のように扱っていることです。多国籍企業は世界各国に多くの子会社を展開していますが、それらの子会社は独立した企業ではなく、グループ内の一構成員でしかありません。したがってグループの親会社は、グループ内の取引をよそって、利益をタックスヘイブンに移すこともできるのです。

したがって多国籍企業のＢＥＰＳによる利益の移転をなくすためには、グループ内の子会社が独立企業だという架空の前提を捨てなければなりません。そのうえでグループ全体を単一の企業として扱い、グループ全体の利益を算出し、それを経済活動の程度、従業員数や工場などの規模に応じて配分して、各国に支払うべき税額を確定するというやり方がもっとも望ましいと言えます。

ＢＥＰＳプロジェクトはもう一つの大きな弱点を抱えています。それはＯＥＣＤを舞台にした改革、すなわち先進国グループによる改革であるということです。前に指摘したように、ＢＥＰＳによってもっとも被害を受けているのは途上国、とりわけアフリカ、アジアなどの最貧国です。新しい国際的な税のルール作りには、すべての国が参加できる条件が不可欠です。

日本でやるべきこと

日本はBEPSプロジェクトの課題を推進すると同時に、日本独自で取り組まなければならない課題もあります。

とくに国会がやらなければならない課題が大きいと言わなければなりません。多国籍企業は非常に強大な力を持っています。どこの国の政府も単独では抑えることができないほどの強大な力をもっているということをまず認識しておく必要があります。国家のレベルを超えた力を持っています。また多国籍企業と国家権力はしばしば癒着しており、多国籍企業に対する規制に関して、国家にすべてを期待することはできません。しかし国家が抑えることができなくても、国会による調査や立法をきっかけとして状況を大きく変えることは不可能ではありません。

BEPSプロジェクトを主軸とした多国籍企業に対する取り組みも、議会の活動に端を発しています。アメリカ上院で2012年に開かれたアップルなどの巨大企業に対する公聴会は、多国籍企業の課税逃れに対して批判の声を呼び起こす大きなきっかけになりました。同時にイギリスでも下院の決算委員会の公聴会にスターバックスやアマゾン、グーグルが呼ばれ、これが世論を大きく動かすきっかけになりました。

日本でも国会の国政調査権を生かし、調査を開始すべきだと考えます。立法もまた有効です。アメリカでは「タックスヘイブン濫用防止法案」が毎年提出されています。

日本にも、「タックスヘイブン対策税制」はありますが、ぬけ穴も多く、抜本的な強化が求められます。また、タックスヘイブン子会社や関連会社の全面開示の義務づけ、税逃れのスキーム届け出の義務づけなど、立法化の課題は多くあります。後者についてはアメリカ、イギリス、韓国ではすでに導入済みです。

また企業の納税額の開示を義務付けることも必要です。これは外国企業の日本子会社も含めて義務化すべきです。特に外国企業の日本子会社は日本では上場していない場合が多く、ほとんど情報開示がありません。

その他、意図的で脱法的な税逃れが違法なのか、合法なのかを法的に明確にすべきです。パナマ文書で名をあげられた企業のほとんどは、税逃れの目的はなかったと弁明しています。税逃れは違法ではないという意見も数多く見られます。

しかしヨーロッパではすでに「一般的否認規定」の考え方が確立されています。

これは形式的に合法であっても、法令の意図に反する租税回避に対しては、実質主義に基づいて課税するというものです。すでにアメリカは２０１０年に取り入れており、イギリスでも２０１３年に導入するなど、Ｇ７の国では日本以外ではほとんど取り入れられています。日本でもこの規定を取り入れるための検討を開始すべきです。

この規定がないために日本では最高裁ですら違法か合法かをめぐって非常に混乱している状況があります。特に今年になって「ヤフー事件」や「日本ＩＢＭ事件」についての最高裁判決がありました。これはいずれも赤字会社を合併したり、あるいは意図的に赤字を作り出して利益を消してしまうことによって、何千億円という税金を逃れたという事件です。ＩＢＭの事件に対しては、「経済的合理性を欠くとは言えない」（２０１６年2月18日、日本ＩＢＭ事件最高裁判決）と、国税側が負けて税逃れを許してしまいました。一方ヤフー事件のほうは「税法の濫用は租税回避に当たる」（２０１６年2月29日、ヤフー事件最高裁判決）という結論で、これは国側が勝って課税されたわけです。つまり最高裁ですら、判断の基準が何もなくふらついているのが現状です。

今後の課題

以上、タックスヘイブンと多国籍企業や富裕者の税逃れに対するこれまでの取り組みについて述べてきました。この取り組みをさらに強める必要があります。しかしまだ手が付けられていない大きな問題があります。それは先進国間の税率引き下げ競争、いわば「タックスウォー」ともいうべき「底辺への競争」です。

イギリスでは10年ほど前、キャメロン政権が誕生して以来、「法人税ロードマップ」を作り、世界で最も競争的な法人税にする、G20の中で最も税率の低い国をめざすということを決めました。そして当時28％あった法人税率を毎年のように引き下げて、現在は20％になり、これをさらにほとんどタックスヘイブン並の18％（2020年）までに引き下げようとしています。さらにEUからの離脱決定後、オズボーン蔵相はさらに15％以下に引き下げる計画を発表しています。

イギリスは1980年代に金融ビッグバンを行っています。これは金融の規制を緩和することによって世界の金融取引をイギリスに集めて金融立国をめざすのが目的でした。その結果、確かにイギリスは金融国家になったわけですが、それがリーマンショック（2007年～2008年）で大きな打撃を受けました。そして今度は税金の低さで世界の企業を呼び寄せようと考え、金融ビッグバンならぬ、税金ビッグバンとでもいうべき戦略を取っているのです。

またイギリスは税率引き下げだけではなく、「パテントボックス税制」の導入など、税の優遇措置を数多くとり入れてきました。「パテントボックス税制」は特許料など知的財産から生じた所得に対して、法人税を一般の法人税より低くするというもので、2013年から10％の税率で導入しています。税率を低くして海外などから特許権などを呼び寄せたいという意図があります。これと同じようなことはイギリス以外の国でも行われていて、ベルギー（6・8％）、オランダ（5％）、ルクセンブルク（5・72％）などで導入され、タックスヘイブン並みの税率を設定し、競争している状況です。

他方、アメリカはどうでしょうか。「インバージョン」という企業の再編が最近盛んに行われています。これは多国籍企業などが低税率国に法人を設立して、その法人が企業グループの最終的な親会社になるような組織再編を行うものです。低税率国に新たな法人を設立する場合もありますが、現地の子会社を買収することもあります。いずれにしても自社よりも規模の小さい会社と合併して、その子会社を親会社にするというもので、言葉通り逆立ちした企業再編です。

またアメリカには、州レベルのタックスヘイブンがいくつかあります。例えばデラウェア州などは人口よりも法人の数が多い州です。州の最大の都市ウィルミントンには28万社が入っているビルがあります。ケイマンにもユグランド・ハウスという同じようなペーパーカンパニーのビルがあり、そこには2～3万社が入っていますが、デラウェアはケイマンの比ではありません。

アメリカは近年スイスの銀行に対して、かなり厳しくアメリカ国民の金融情報を求め、圧力を強めています。その結果、スイスなどにあったアメリカ国民のお金がアメリカのタックスヘイブンの州に急激に還流しています。また金融情報の国際的自動交換制度がＯＥＣＤを中心として進められていますが、アメリカはこれには参加しないということを表明し、独自の制度ＦＡＴＣＡ（「外国口座税務コンプライアンス法」）に固執しています。国際的自動情報交換制度は、一国でも参加しなければ全体としての情報交換がスムーズに機能しないので、ここにも問題が生じています。

では日本はどうなのでしょうか。実は日本も国際的な税率引き下げ競争の先頭グループを走っています。法人税の実効税率がこれを一番よく示しています。２０００年代に40％前後の水準であった実効税率は、その後徐々に引き下げられ、２０１２年以降は30％台になり、今年の税制改正でついに20％台になりましたが、再来年に向けてさらに引き下げられようとしています。このように先進国間の税率引き下げ競争に日本もかなり深く巻き込まれているというのが実態です。

その結果、そのツケを回されるのは私たち国民であって、それは消費税の増税という形で表れています。

おわりに

パナマ文書に対する各国の動きは早いものでした。文書が公表されたのは4月3日のことでしたが、翌4日にはアメリカ司法省やフランスの検察当局は調査の開始を宣言しています。オバマ大統領が「租税逃れは世界的大問題だ。多くの行為は合法だがそれ自体が問題だ」という名文句を発したのは、公表から2日目の4月5日です。その同じ日、アイスランドのグンロイグソン首相はタックスヘイブンにつくったペーパーカンパニーを通じて自国の銀行に投資していたことが明らかになり、国民の猛反発を受け辞任に追い込まれました。

そのような海外の素早い動きと全く対照的なのが日本政府の態度でした。菅官房長官が6日におこなった記者会見は、「文書の詳細は承知していない。軽はずみなコメントは差し控えたい」と大変そっけないものでした。世界と日本のこの際立った温度差は一体何を物語っているのでしょうか。

パナマ文書を受けた各国の動きはその後も活発でした。オバマ政権はペーパーカンパニーの実質的な所有者の報告を義務付ける法律改正を打ち出しています。ヨーロッパでも欧州委員会は多国籍企業に利益、納税額の他、タックスヘイブンでの納税実績を含め、報告とその公表を義務付けることにしています。またヨーロッパ議会はパナマ文書調整特別委員会を設立し、イギリス蔵相、モサック・フォンセカ法律事務所代表などハイレベルの人物を呼んで調査することを決めています。

5月末開かれた伊勢志摩サミットはパナマ文書公開直後のサミットとして、日本が議長国としてタックスヘイブン対策にどの程度リーダーシップをとるのかが大きな関心事でした。しかし5月27日に出されたサミット首脳宣言では、BEPS対策や自動情報交換制度に多くの国の参加を求めることが確認されましたが、これまでのサミット宣言の内容を大きく踏み出すものではありませんでした。

オックスファム・ジャパンなど市民団体は、自動情報交換や国別報告書に関する情報を一般公開すること、これらの取り組みにあらゆる国の参加を求めること、また法人税の切り下げ競争に歯止めをかけることなどの確認が期待されていたにもかかわらず、これらが盛り込まれなかったことをあげ、「租税回避への取り組みに実質的前進なし」と否定的な評価を下しています。

しかし六月末から七月始めにかけて京都で開かれたOECDの会合ではBEPSプロジェクトに約80ヶ国が参加することが合意され、さらに20ヶ国以上が参加を検討しているようです。今後とも参加国を増やす努力が求められます。

ともあれパナマ文書の衝撃は日本でもかつてない大きなものでした。これまでも何度かICIJはタックスヘイブンを利用した税逃れに関するデータを暴露してきましたが、日本ではほとんど無視されてきました。しかしパナマ文書に関してはTV、新聞、週刊誌、月刊誌など大きく取り上げられ、私自身、取材に追われ、一時は息つく暇もないくらいでした。

たたかいはこれからです。パナマ文書の公開はタイミングのいいものでした。これを一時的な騒動に終わらせてはなりません。昨年秋のBEPS報告書は、多国籍企業の税逃れに焦点を当て、その現行の国際課税システムの欠陥を大きく浮き彫りにしました。これは潮の流れの大きな変化を予想させるものです。報告書で提案された15の行動計画を、着実に実施していくことが必要です。

グローバル化の急速な進展によって、現行の国際課税ルールは抜け穴だらけになっています。これは根本的に見直されなければなりません。国際的な新しい課税ルールを作るために、すべての国が共同して、この課題に挑戦していくことが求められています。

タックスヘイブンに関する主な参考文献

・ニコラス・シャクソン、藤井清美訳「タックスヘイブンの闇—世界の富は盗まれている!」朝日新聞出版、2012年
・志賀櫻「タックス・ヘイブン—逃げていく税金」岩波新書、2013年
・合田寛「タックスヘイブンに迫る—税のがれと闇のビジネス」新日本出版社、2014年
・John Christensen 他 "The Greatest Invention - Tax and the Campaign for Society" Commonwealth Publishing, 2015
・"Tomas Pogge and Krishen Mehta "Global Tax Fairness" Oxford University Press, 2016

【資料編】

・パナマ文書に掲載されている関係図の見方の一例
・パナマ文書に記載された日本関係法人名28
・パナマ文書に記載された日本関係ペーパーカンパニーの代行・仲介者47
・パナマ文書に記載された日本関係役員名899
・G7伊勢志摩サミットへ向けて　〈日本の有識者による政府へ呼び掛けとトマ・ピケティ氏ら世界の経済学者の公開書簡へ賛同〉
・タックス・ジャスティス・ネットワーク（TJN）と運動の非公式な歴史（抄訳）

〈パナマ文書に掲載されている関係図の見方の一例〉

【関係図１】示された関係図は伊藤忠商事株式会社が Renowned interntional ltd の親会社であり Renowned international ltd は英領バージン諸島に登記されているということがわかります。

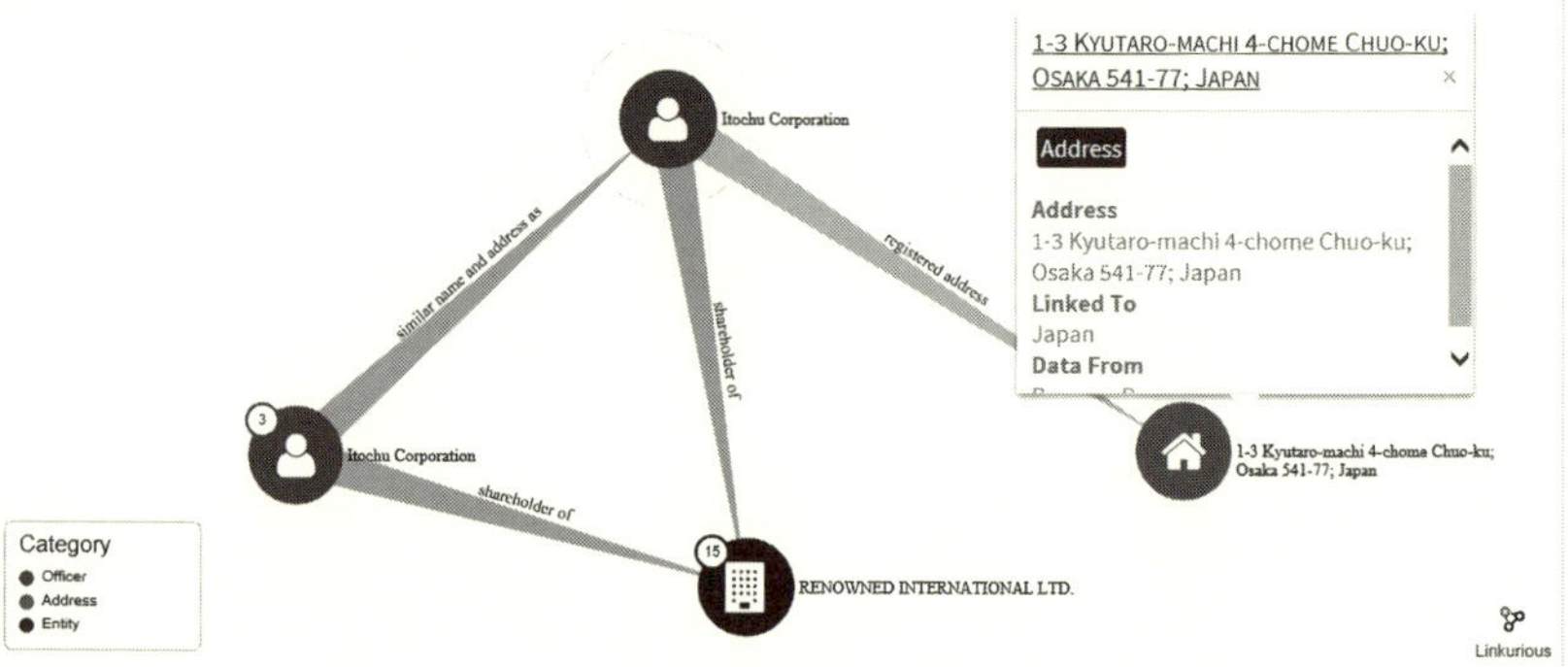

【関係図２】Renowned international ltd をクリックすると「Renowned international ltd」には伊藤忠商事だけでなく丸紅も共同で出資していことがわかります。また「Renowned international ltd」と同名の中間会社があり、これは台湾で登記されています。台湾を通じて英領バージン諸島にペーパーカンパニーを作ったことが考えられます。

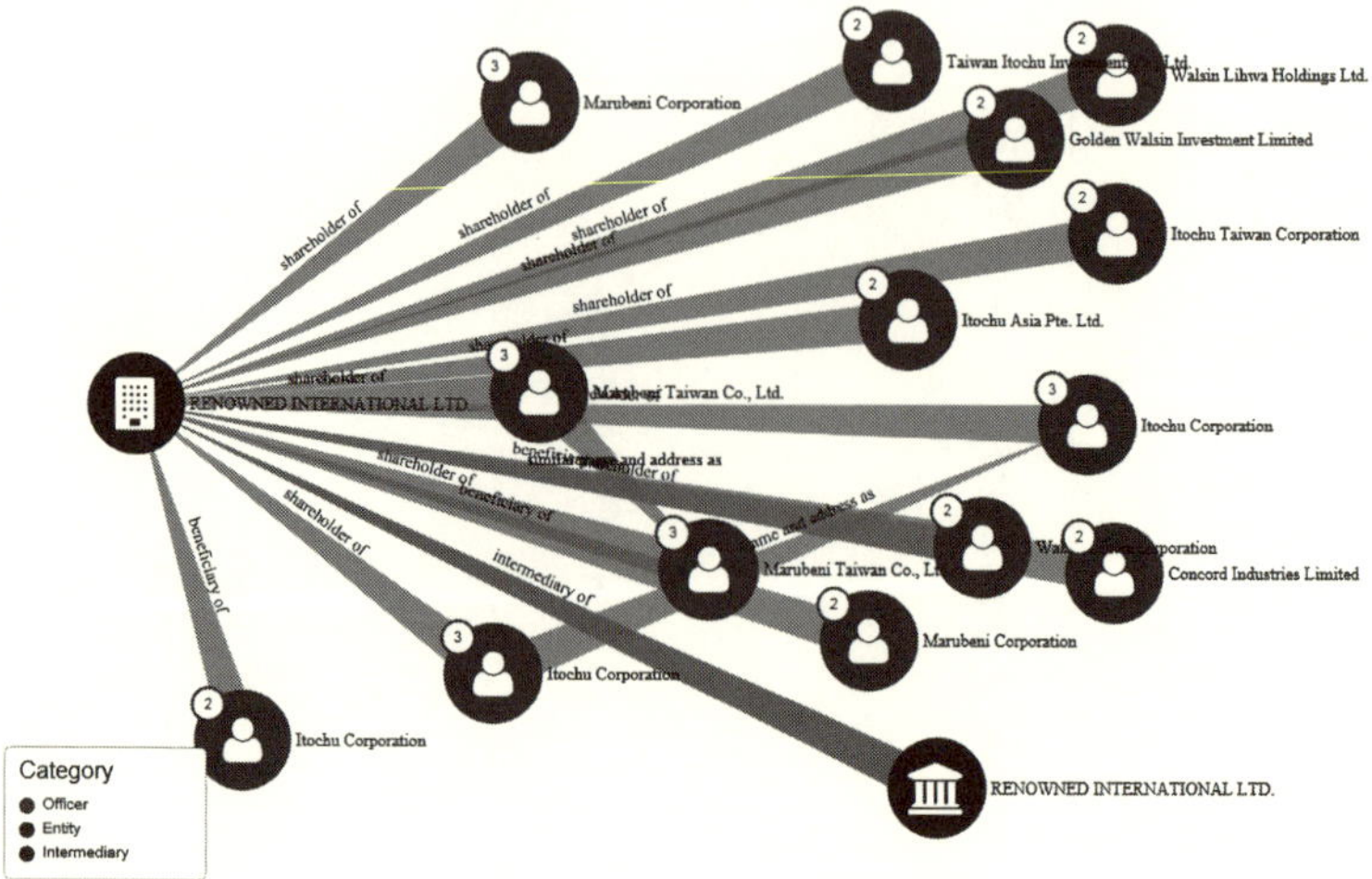

パナマ文書に記載された日本法人名（28団体）

	法人名	設立年月日	設立地域	リンク先	データ流出元
1	W. K. CAICARA INTERNATIONAL LTD., S.A.	13-Feb-89	Panama	Japan	Panama Papers
2	SETOUCHI ENTERPRISES S.A.	11-Jan-94	Panama	Japan	Panama Papers
3	AMPLEX INTERNATIONAL INC.	25-May-93	Panama	Japan	Panama Papers
4	SETOUCHI INVESTMENTS INC.	21-Apr-94	Panama	Japan	Panama Papers
5	Monarch Investments Ltd.	2-Feb-10	Seychelles	Japan	Panama Papers
6	MARONO HOLDING S.A.	16-Dec-04	Panama	Japan	Panama Papers
7	CREDIT NIUE CO., LTD.	2-Dec-97	Niue	Japan	Panama Papers
8	NAP INTERNATIONAL INC.	14-Jul-95	British Virgin Islands	Japan	Panama Papers
9	NEWSWAY INTERNATIONAL INVESTMENT LTD.	14-Mar-95	British Virgin Islands	Japan	Panama Papers
10	LITTLEWOOD TRADING LTD.	30-Oct-96	British Virgin Islands	Japan	Panama Papers
11	GEARY ENTERPRISES LTD.	2-Jan-97	British Virgin Islands	Japan	Panama Papers
12	HOSMAN PROPERTIES LIMITED	2-Jan-97	British Virgin Islands	Japan	Panama Papers
13	G. BROTHERS LTD.	24-Nov-00	British Virgin Islands	Japan	Panama Papers
14	G. HOLDING LTD.	24-Nov-00	British Virgin Islands	Japan	Panama Papers
15	MARONO VENTURES S.A.	3-Aug-09	Panama	Japan	Panama Papers
16	MONCLOCK FINANCE LTD.	30-Mar-04	British Virgin Islands	Japan	Panama Papers
17	Pennine Consulting Ltd.	8-Jan-07	British Virgin Islands	Japan	Panama Papers
18	Kenbikai International Trading Limited	26-Jul-07	British Virgin Islands	Japan	Panama Papers
19	Marathon Capital Group Ltd.	11-Feb-09	British Virgin Islands	Japan	Panama Papers
20	A P Advisers Limited	5-Aug-04	British Virgin Islands	Japan	Panama Papers
21	Eastport Wills Limited	8-Aug-14	British Virgin Islands	Japan	Panama Papers
22	MATTHEY HOLDINGS INC.	12-Mar-87	Panama	Japan	Panama Papers
23	SKYTECH TECHNOLOGIES LTD.	13-Sep-99	Niue	Japan	Panama Papers
24	PAISLEY INVESTMENT TRADING LTD.	30-Oct-96	British Virgin Islands	Japan	Panama Papers
25	WILHELMSEN AALL SHIPS SERVICE PTE. LTD.	25-Aug-05	Singapore	Singapore, Japan	Offshore Leaks
26	Alpha Tango Trust	15-Mar-96	Cook Islands	Japan, Cook Islands	Offshore Leaks
27	Toyo Seafoods Corporation	8-Jul-02	Undetermined	Japan, British Virgin Islands	Offshore Leaks
28	Cyber Magic Incorporated	6-Jan-98	Undetermined	Not identified, Japan	Offshore Leaks

ペーパーカンパニーを設立した代行・仲介業者（47社・個人）

	代行・仲介業者	リンク先	データ元
1	SHOJI AIHARA	Japan	Panama Papers
2	MIYAKE & YAMAZAKI	Japan	Panama Papers
3	DOMINIK ANDRE STEINER	Japan	Panama Papers
4	TOBY HUNN	Japan	Panama Papers
5	SAKURA KYODO LAW OFFICES	Japan	Panama Papers
6	W. K. CAICARA INTERNATIONAL LTD. S.A.	Japan	Panama Papers
7	PATRICK BILLINGS MARK ANSELL	Japan	Panama Papers
8	MARK ANSELL	Japan	Panama Papers
9	KASHIWAGI INTERNATIONAL LAW OFFICE	Japan	Panama Papers
10	SETOUCHI MARINE CO. LTD.	Japan	Panama Papers
11	MR. NOBORU TAKAMIYA	Japan, Hong Kong	Panama Papers
12	MITSUI SOKO CO., LTD.	Japan	Panama Papers
13	MICHAEL COOK	Japan	Panama Papers
14	FURUHASHI & ASSOCIATES	Japan	Panama Papers
15	Angela Ng Bow Humair	Japan	Offshore Leaks
16	Jean-Michel Grau	Japan	Offshore Leaks
17	Robert Brian Waring	Japan	Offshore Leaks
18	Kotani Atsushi	Japan	Offshore Leaks
19	Marubeni Corporation	Japan	Offshore Leaks
20	Mr Yuji Miyazaki	Japan	Offshore Leaks
21	Noriko Wada	Japan	Offshore Leaks
22	Taiji Takeda	Japan	Offshore Leaks
23	Takuya Hashiguchi	Japan	Offshore Leaks
24	The Arts Securities Co., Ltd	Japan	Offshore Leaks
25	Towry Law International (Japan) Limited	Japan	Offshore Leaks
26	Tokiwa Corporation	Japan	Offshore Leaks
27	David Scott	Japan	Offshore Leaks
28	Dylan Tanner	Japan	Offshore Leaks
29	Gunji Watanabe/ Yasutoshi Watanabe	Japan	Offshore Leaks
30	Boyd & Moore Executive Search	Japan	Offshore Leaks
31	Hiroyuki SHIMADA	Japan	Offshore Leaks
32	Megumi Ondo	Japan	Offshore Leaks
33	Markus Leach	Japan	Offshore Leaks
34	Lin, Li-Yu/Wan Cheng-Tsai	Japan	Offshore Leaks
35	Louise Neville	Japan	Offshore Leaks
36	Mark Bennison	Japan	Offshore Leaks
37	Nakaya Zensuke Nakaya Setsu & Nakaya Yoshifumi	Japan	Offshore Leaks
38	Nobutaka Mutaguchi	Japan	Offshore Leaks
39	International Offshore Consultants	Japan	Offshore Leaks
40	John Fairley	Japan	Offshore Leaks
41	Jones Day	Japan	Offshore Leaks
42	Salvador Boluda i Vila	Japan	Offshore Leaks
43	Sheng Mong Ven	Japan	Offshore Leaks
44	Takao Asayama	Japan	Offshore Leaks
45	Wu Kebo/ Wu Keyan	Japan	Offshore Leaks
46	Yongbiao Weng	Japan	Offshore Leaks
47	Vladimir Touloupov	Japan	Offshore Leaks

役員名（899個人・法人）

	役員名	リンク先	データ元
1	MATSUDA MASUMI	Japan	Panama Papers
2	Mika Yakuwa (Japanese Passport No. XXXXXXXXX)	Japan	Panama Papers
3	Bryant Chung-Ho Park	Japan	Panama Papers
4	KYLIE FRANCES HUNN	Japan	Panama Papers
5	KOTA IMANISHI	Japan	Panama Papers
6	WYBE JOHAN KRISTIAN HERWEGH VONK	Japan	Panama Papers
7	YOSHIFUMI TAKEDA	Japan	Panama Papers
8	SECOM SCIENCE AND TECHNOLOGY FOUNDATION	Japan	Panama Papers
9	SECOM SCIENCE AND TECHNOLOGY FOUNDATION	Japan	Panama Papers
10	Itochu Corporation	Japan	Panama Papers
11	CORETECH CO., LTD.	Japan	Panama Papers
12	ICHIKAWA SEIICHI	Japan	Panama Papers
13	CARL MAGNUS WAHLIN	Japan	Panama Papers
14	ENOMOTO, DAISUKE	Japan	Panama Papers
15	KOJI IGA	Japan	Panama Papers
16	SHIGEKAZU NAKABAYASHI	Japan	Panama Papers
17	CHIKUDA EMIKO	Japan	Panama Papers
18	SONG WENXIA	Japan	Panama Papers
19	KUMIO DEWA	Japan	Panama Papers
20	MS. ENOMOTO, Kanako	Japan	Panama Papers
21	SONG SHULI	Japan	Panama Papers
22	SONG SHULI	Japan	Panama Papers
23	SEIITSU SHIMA	Japan	Panama Papers
24	SOFTBANK BB CORP.	Japan	Panama Papers
25	KANAKO TAKANO	Japan	Panama Papers
26	MAYUMI SUZUKI	Japan	Panama Papers
27	KAZUO NAKATA	Japan	Panama Papers
28	ANDRES MARTINEZ	Japan	Panama Papers
29	HAYASHI TOHRU	Japan	Panama Papers
30	HIROYUKI KATO	Japan	Panama Papers
31	TAKUYA MATSUO	Japan	Panama Papers
32	HIDEAKI ONO	Japan	Panama Papers
33	M¿H¿ GROUP LTD.	Japan	Panama Papers
34	MATSUOKA HIROHIKO	Japan	Panama Papers
35	MENG FAN QIN	Japan	Panama Papers
36	TOSHIYUKI MIYAMOTO	Japan	Panama Papers
37	NORIO YONEYAMA	Japan	Panama Papers
38	MARUYAMA RURIKO	Japan	Panama Papers
39	EASTASIA GROUP CO., LTD	Japan	Panama Papers
40	FUJU HIROMICHI	Japan	Panama Papers
41	LEE SONG RYUNG	Japan	Panama Papers
42	IBUKA YUKO	Japan	Panama Papers
43	Michael Paul Mabarby	Japan	Panama Papers
44	SHIMADA MASAYUKI	Japan	Panama Papers
45	TANAKA YASUYOSHI	Japan	Panama Papers
46	UCHIDA YUSUKE	Japan	Panama Papers
47	YASUO MATSUZAWA	Japan	Panama Papers

	役員名	リンク先	データ元
48	KOICHI UCHIDA	Japan	Panama Papers
49	KOTA TSUBUKI	Japan	Panama Papers
50	SHINICHI HORII	Japan	Panama Papers
51	Suminobu MORI	Japan	Panama Papers
52	YOHEI TAKADA	Japan	Panama Papers
53	DAIJI KAGEYAMA	Japan	Panama Papers
54	KURIKI TAKAYUKI	Japan	Panama Papers
55	JUICHI TODA	Japan	Panama Papers
56	TOMOMI SASAKI	Japan	Panama Papers
57	Yuriko WATANABE	Japan	Panama Papers
58	Miyoko OGAWA	Japan	Panama Papers
59	Masami OSAKA	Japan	Panama Papers
60	Masaru Sasaki	Japan	Panama Papers
61	EMI TATARA	Japan	Panama Papers
62	GOTA UESHIMA	Japan	Panama Papers
63	KITANO TAKAHIRO	Japan	Panama Papers
64	YANO YOSHIHIRO	Japan	Panama Papers
65	IKUO ITO	Japan	Panama Papers
66	HIANG HUNG-CHENG	Japan	Panama Papers
67	KIYOSHI MATSUSHITA	Japan	Panama Papers
68	MASASHI MATSUSHITA	Japan	Panama Papers
69	TAKASHI MATSUSHITA	Japan	Panama Papers
70	MACHIKO MATSUSHITA	Japan	Panama Papers
71	RUMIKO MATSUSHITA	Japan	Panama Papers
72	TAKAAKI MATSUSHITA	Japan	Panama Papers
73	KANDA TORU	Japan	Panama Papers
74	Hiroki KATO	Japan	Panama Papers
75	YOSHIWARA Eiko	Japan	Panama Papers
76	YOSHIWARA Katsuhiro	Japan	Panama Papers
77	TANGE TEIKO	Japan	Panama Papers
78	TANGE AKIRA	Japan	Panama Papers
79	GOTA UESHIMA	Japan	Panama Papers
80	RONNARU LTD.	Japan	Panama Papers
81	ANGUS BRUCE MCKINNON	Japan	Panama Papers
82	Faycal El Karaa	Japan	Panama Papers
83	GARCIA HUGUES HILAIRE PHILIPPE	Japan	Panama Papers
84	Ivy Doherty	Japan	Panama Papers
85	TRANSPORTS CORPORATION	Japan	Panama Papers
86	TAMBA YOSHIHIRO	Japan	Panama Papers
87	BHATIA Sylvia Fay	Japan	Panama Papers
88	TAKESHI OHBA	Japan	Panama Papers
89	TOKYO KOBETSU SHIDO GAKUIN	Japan	Panama Papers
90	Alina Lam	Japan	Panama Papers
91	NI SHANSHAN	Japan	Panama Papers
92	LIGRON AGNES,MADELEINE, LINA, RENEE	Japan	Panama Papers
93	KENNETH KEN BERGER	Japan	Panama Papers
94	TSURUOKA KUNIKO	Japan	Panama Papers
95	DE MANNING JONATHAN	Japan	Panama Papers

	役員名	リンク先	データ元
96	Mark Jonathan Ansell	Japan	Panama Papers
97	MIURA JUN	Japan	Panama Papers
98	Dylan Stephen Halterlein	Japan	Panama Papers
99	PRZEMYSLAW EUGENIUSZ PLAZINSKI	Japan	Panama Papers
100	Frederick Towfigh	Japan	Panama Papers
101	KIYOTSUGU KAWASAKI	Japan	Panama Papers
102	KATO YUKIKO	Japan	Panama Papers
103	Scott C. Campbell	Japan	Panama Papers
104	Itochu Corporation	Japan	Panama Papers
105	MASAHIRO KATANO	Japan	Panama Papers
106	Tomoshi Neo	Japan	Panama Papers
107	HIDEKI WATANABE	Japan	Panama Papers
108	TOMOMI YOSHIDA	Japan	Panama Papers
109	TOSE CO., LTD	Japan	Panama Papers
110	KANG Choongdae	Japan	Panama Papers
111	UENUMA KENICHI	Japan	Panama Papers
112	Choongdae KANG	Japan	Panama Papers
113	Masami OGAWA	Japan	Panama Papers
114	Keizo Ikeda	Japan	Panama Papers
115	MASAHIRO IRIE	Japan	Panama Papers
116	Tetsushi MARUYAMA	Japan	Panama Papers
117	Fuminori Murahashi	Japan	Panama Papers
118	ATSUSHI KAWAI	Japan	Panama Papers
119	KAZUE OGASAWARA	Japan	Panama Papers
120	OSAMU TATEISHI	Japan	Panama Papers
121	EXCEL AIR SERVICE INC.	Japan	Panama Papers
122	MOMOKO YAMANO	Japan	Panama Papers
123	KIYOSE, YUKIMICHI	Japan	Panama Papers
124	HAYASHI KUNIYOSHI	Japan	Panama Papers
125	YANO YOSHIHIRO	Japan	Panama Papers
126	SEKINE HIROSHI	Japan	Panama Papers
127	SEKINE YUKO	Japan	Panama Papers
128	HIROTSUNE, KEN	Japan	Panama Papers
129	KEN NAKAHIRA	Japan	Panama Papers
130	KOMIYA SHOSHIN	Japan	Panama Papers
131	MUNEHIRO KURODA	Japan	Panama Papers
132	KOJI IZUMI	Japan	Panama Papers
133	ATSUSHI TAKAKUSAGI	Japan	Panama Papers
134	TAKAHIRO AOYAMA	Japan	Panama Papers
135	MAO SAITO	Japan	Panama Papers
136	NAITO KUNIHIKO	Japan	Panama Papers
137	Suzuki Kenichi	Japan	Panama Papers
138	OTOWA HIROYUKI	Japan	Panama Papers
139	seigo takahashi	Japan	Panama Papers
140	TAKEMASA NAKATA	Japan	Panama Papers
141	TOSHIHITO HAYAMIZU	Japan	Panama Papers
142	NISSEI ELECTRIC CO., LTD.	Japan	Panama Papers
143	MIYAKO YAMAMOTO	Japan	Panama Papers

	役員名	リンク先	データ元
144	NAKAHIGASHI MAYUMI	Japan	Panama Papers
145	KENJI NISHI	Japan	Panama Papers
146	NAOHISA TOMOSUGI	Japan	Panama Papers
147	Kazuo AOTA	Japan	Panama Papers
148	Brock WORBETS	Japan	Panama Papers
149	YOKOI TOSHIYUKI	Japan	Panama Papers
150	MUTO KAZUHITO	Japan	Panama Papers
151	KOICHI KAGOSHIMA	Japan	Panama Papers
152	MORI HIDEKI	Japan	Panama Papers
153	MAKOTO LIDA	Japan	Panama Papers
154	KAZUTO MIKAMI	Japan	Panama Papers
155	HIROAKI IKEDA	Japan	Panama Papers
156	HIROYUKI KOHRI	Japan	Panama Papers
157	FUJITA JUN	Japan	Panama Papers
158	WATADA KOICHI	Japan	Panama Papers
159	DONG MIN	Japan	Panama Papers
160	AKIRA YASUKAWA	Japan	Panama Papers
161	KWAN CHI HENG	Japan	Panama Papers
162	SUZUKI MAYU	Japan	Panama Papers
163	TAKAHASHI YOUQUN	Japan	Panama Papers
164	MIZUNO Hideaki	Japan	Panama Papers
165	Takahashi Sohachiro	Japan	Panama Papers
166	Akiko Tomita	Japan	Panama Papers
167	FURUTA TOYOSHI	Japan	Panama Papers
168	TADAMASA KANEKO	Japan	Panama Papers
169	FUKUCHI TOSHIHIRO	Japan	Panama Papers
170	OZAKI SHIGERU	Japan	Panama Papers
171	SHIMADA BUNROKU	Japan	Panama Papers
172	TAKEDA KEIKO	Japan	Panama Papers
173	TSUSHIMA KOJI	Japan	Panama Papers
174	DANIEL EDWARD KALDOR	Japan	Panama Papers
175	KAWAJI, HIDEKI	Japan	Panama Papers
176	HUANG HUNG-CHENG	Japan	Panama Papers
177	MAKOTO LIDA	Japan	Panama Papers
178	TOKUYUKI WATABE	Japan	Panama Papers
179	KAWAJI, HIDEKI	Japan	Panama Papers
180	MUTSUHIRO HASHIMOTO	Japan	Panama Papers
181	Hsu Chen-Fen	Japan	Panama Papers
182	Ryuji Ito	Japan	Panama Papers
183	ITOCHU CORPORATION	Japan	Panama Papers
184	ITOCHU Corporation	Japan	Panama Papers
185	Mr. Jacek KOSTRZEWSKI	Japan	Panama Papers
186	Hiroyuki Ozaki	Japan	Panama Papers
187	TAKAHIRO INOUE	Japan	Panama Papers
188	RICCARDO ANTHONY GENTILCORE	Japan	Panama Papers
189	Chang Chun-Hsung	Japan	Panama Papers
190	TAKAMATSU KUWAHARA	Japan	Panama Papers
191	EL PORTADOR	Japan	Panama Papers

	役員名	リンク先	データ元
192	SONODA TAKESHI	Japan	Panama Papers
193	Alexey Shitov	Japan	Panama Papers
194	MASAYUKI NEZU	Japan	Panama Papers
195	Tasuku Miura	Japan	Panama Papers
196	EL PORTADOR	Japan	Panama Papers
197	EBINUMA YUSUKE		
198	Atsushi Hoshino	Japan	Panama Papers
199	HUGUES HILAIRE PHILIPPE GARCIA	Japan	Panama Papers
200	Hideki Kinuhata	Japan	Panama Papers
201	Ichiro YAMANAKA	Japan	Panama Papers
202	Shu Gaiin	Japan	Panama Papers
203	SUZUYO KUWAHARA	Japan	Panama Papers
204	MEHTA PINAKI SURESHCHANDRA	Japan	Panama Papers
205	SHAH SHAILESH JAYANTILAL	Japan	Panama Papers
206	Chenyang FEI	Japan	Panama Papers
207	AKIRA NOMURA	Japan	Panama Papers
208	TOSHITAKA TAKEUCHI	Japan	Panama Papers
209	FENG GE	Japan	Panama Papers
210	MASAHARU TAKAESU	Japan	Panama Papers
211	MARUBENI CORPORATION	Japan	Panama Papers
212	SSK supply	Japan	Panama Papers
213	TAKADAKE KANAE	Japan	Panama Papers
214	TAMAARI Kyoko	Japan	Panama Papers
215	TAMAARI Takafumi	Japan	Panama Papers
216	YASUMITSU SHIGETA	Japan	Panama Papers
217	Marubeni Corporation	Japan	Panama Papers
218	HIDETAKA KINAMI	Japan	Panama Papers
219	Kyla Aki	Japan	Panama Papers
220	Robert Williams	Japan	Panama Papers
221	Kaori TAGAWA	Japan	Panama Papers
222	NAKAI NAOMI	Japan	Panama Papers
223	HIYOSHI KOZO	Japan	Panama Papers
224	ZHENG JING	Japan	Panama Papers
225	Riccardo Anthony GENTILCORE	Japan	Panama Papers
226	Akitoshi KIYOTA	Japan	Panama Papers
227	Akiko Makino	Japan	Panama Papers
228	KUBO Nobuo	Japan	Panama Papers
229	KURAKI YUICHI	Japan	Panama Papers
230	TOYO ENGINEERING CORPORATION	Japan	Panama Papers
231	NAGATA SOICHIRO	Japan	Panama Papers
232	SHAILESH JAYANTILAL SHAH	Japan	Panama Papers
233	Chenyang FEI	Japan	Panama Papers
234	IMAI SHOJI	Japan	Panama Papers
235	CHIGUSA PECK	Japan	Panama Papers
236	Ryan Thall	Japan	Panama Papers
237	HIDEAKI MAENISHI	Japan	Panama Papers
238	YANAGI TATSUO	Japan	Panama Papers
239	Mr JIN Dong Zhe	Japan	Panama Papers

	役員名	リンク先	データ元
240	Kiyoe Hiranaga	Japan	Panama Papers
241	MURASE KAZUSHIGE	Japan	Panama Papers
242	HAYASHI TOSHIO	Japan	Panama Papers
243	KAWAMURA MASAHIKO	Japan	Panama Papers
244	Yoshida Shuzo	Japan	Panama Papers
245	ARAI NORICHIKA	Japan	Panama Papers
246	NAKAMURA Toshihiro	Japan	Panama Papers
247	KATSUAKI MATSUSHIMA	Japan	Panama Papers
248	TAKEDA YOSHIFUMI	Japan	Panama Papers
249	HARADA MUEKAZU	Japan	Panama Papers
250	HARADA AKEMI	Japan	Panama Papers
251	HARADA AKIRA	Japan	Panama Papers
252	Hideki OKAUCHI	Japan	Panama Papers
253	Yusuke Hato	Japan	Panama Papers
254	TAKEYOSHI OMORI	Japan	Panama Papers
255	John Macaloon	Japan	Panama Papers
256	Yamashita Hisashi	Japan	Panama Papers
257	Anthony Collins	Japan	Panama Papers
258	SAEKI AKIHIKO	Japan	Panama Papers
259	HITOSHI AIHARA	Japan	Panama Papers
260	HARADA EIKO	Japan	Panama Papers
261	KENNETH STUART COURTIS	Japan	Panama Papers
262	Lee Meng Tong	Japan	Panama Papers
263	YAMANE HIROSHI	Japan	Panama Papers
264	NAKAMURA Toshihiro	Japan	Panama Papers
265	HUGUES HILAIRE PHILIPPE GARCIA	Japan	Panama Papers
266	IVAN PATRICK DOHERTY	Japan	Panama Papers
267	UENISHI HIROMI	Japan	Panama Papers
268	KUNIHIRO OGAWA	Japan	Panama Papers
269	TAKAGI SHINICHI	Japan	Panama Papers
270	Naoko WATANABE	Japan	Panama Papers
271	BERTRAM NICHOLAS MILLER	Japan	Panama Papers
272	LIU HUAN	Japan	Panama Papers
273	GU QILONG	Japan	Panama Papers
274	NAN XUN	Japan	Panama Papers
275	Morisaki Gohji	Japan	Panama Papers
276	KINJI YASU	Japan	Panama Papers
277	CLAUDE MAGNIN	Japan	Panama Papers
278	YOKOYAMA AKIRA	Japan	Panama Papers
279	KINJI YASU	Japan	Panama Papers
280	RAMIR ROQUE CIMAFRANCA	Japan	Panama Papers
281	LEKI SHIN	Japan	Panama Papers
282	Akinori Oyama	Japan	Panama Papers
283	Ito Shoji	Japan	Panama Papers
284	HASEGAWA, MASAO	Japan	Panama Papers
285	TARO TANIGUCHI	Japan	Panama Papers
286	MASAHIDE YAMAGUCHI	Japan	Panama Papers
287	ROLF ALFRED LUMPE	Japan	Panama Papers

	役員名	リンク先	データ元
288	SAKURAI KAORI	Japan	Panama Papers
289	MIKA JOHANNES ISHIKAWA	Japan	Panama Papers
290	Ichiro Amano	Japan	Panama Papers
291	Yasumitisu Iwasa	Japan	Panama Papers
292	Orlando Rodrigues de Castro Jalles and Pedro Rodrigues de Castro Jalles (In Joint Tenancy With Right Of Survivorship)	Japan	Panama Papers
293	Kento Yoshinaga	Japan	Panama Papers
294	LIVEDOOR CO. LTD.	Japan	Panama Papers
295	LIVEDOOR HOLDINGS CO., LTD	Japan	Panama Papers
296	IROKI NAKANO	Japan	Panama Papers
297	MATSUDA Daiju	Japan	Panama Papers
298	TAKATOSHI KUWAHARA	Japan	Panama Papers
299	David Sancho Shimizu	Japan	Panama Papers
300	YASUHIKO ONO	Japan	Panama Papers
301	Shirish CHANDRAKAR	Japan	Panama Papers
302	VAN WINGERDEN MARK JOHN	Japan	Panama Papers
303	EL PORTADOR	Japan	Panama Papers
304	YAMAMOTO SHUMA	Japan	Panama Papers
305	COLIN CARL BAKER	Japan	Panama Papers
306	MOKUSHI HIRONAO	Japan	Panama Papers
307	SANEATSU OKI	Japan	Panama Papers
308	CHANG Cheng-Wang	Japan	Panama Papers
309	MIYATA FUMIO	Japan	Panama Papers
310	MATTHEW ROBERT DAHLKE	Japan	Panama Papers
311	Colin Baker	Japan	Panama Papers
312	NAKAKURA NORIYUKI	Japan	Panama Papers
313	GAO LI MING	Japan	Panama Papers
314	MATSUOKA ICHIRO	Japan	Panama Papers
315	AWAGUCHI TSUYOSHI	Japan	Panama Papers
316	FUJIO HAJIME	Japan	Panama Papers
317	UEGAKI KIYOSUMI	Japan	Panama Papers
318	MICHAEL ANDREW COOK	Japan	Panama Papers
319	QI HAI	Japan	Panama Papers
320	KANG YOUNGGIL	Japan	Panama Papers
321	SHIGETA YASUMITSU	Japan	Panama Papers
322	Shuhei KOMATSU	Japan	Panama Papers
323	SATORU TSUTO	Japan	Panama Papers
324	TAGUCHI SHIGEHIKO	Japan	Panama Papers
325	WAAHLIN Carl	Japan	Panama Papers
326	YOKOYAMA AKIRA	Japan	Panama Papers
327	XIA DONG	Japan	Panama Papers
328	CUI RONGXIU	Japan	Panama Papers
329	Qi Donghong	Japan	Panama Papers
330	Jameson Keith Sterling	Japan	Panama Papers
331	NORIHIRO TOSA	Japan	Panama Papers
332	AOKI KEIKICHI	Japan	Panama Papers
333	MUNEHIKO MORISHITA	Japan	Panama Papers

	役員名	リンク先	データ元
334	AKIYUKI TAKAYA	Japan	Panama Papers
335	HATAKEYAMA KAZUHIRO	Japan	Panama Papers
336	KEISUKE ATSUGA	Japan	Panama Papers
337	SUGURU KAWANISHI	Japan	Panama Papers
338	Lee Yaw Chong	Japan	Panama Papers
339	Naomi E. Sypkens	Japan	Panama Papers
340	Kento Yoshinaga	Japan	Panama Papers
341	Haruji SHIKATO	Japan	Panama Papers
342	YASUSHI KINOSHITA	Japan	Panama Papers
343	AOKI KEIKICHI	Japan	Panama Papers
344	AKI YAMAMOTO	Japan	Panama Papers
345	Asset & Ashe Investment Limited	Japan	Panama Papers
346	MIGUEL PIQUET HELGUERA	Japan	Panama Papers
347	ZHANG CHUNHUA	Japan	Panama Papers
348	YAMAMURO SHOSAK	Japan	Panama Papers
349	Yoshifumi Takeda	Japan	Panama Papers
350	KATAHIRA MASAKI	Japan	Panama Papers
351	HIANG HUNG-CHENG	Japan	Panama Papers
352	Sanjiv Jitendra Jhaveri	Japan	Panama Papers
353	HAYASHI KUNIYOSHI	Japan	Panama Papers
354	MATSUOKA ICHIRO	Japan	Panama Papers
355	SEKINE HIROSHI	Japan	Panama Papers
356	SANEATSU OKI	Japan	Panama Papers
357	Itochu Corporation	Japan	Panama Papers
358	KAZUHIKO KANAI	Japan	Panama Papers
359	KOTA TSUBUKI	Japan	Panama Papers
360	MAKI KODAIRA	Japan	Panama Papers
361	HUANG HUNG-CHENG	Japan	Panama Papers
362	CHANG Cheng-Wang	Japan	Panama Papers
363	KAWAMURA MASAHIKO	Japan	Panama Papers
364	FUKUCHI TOSHIHIRO	Japan	Panama Papers
365	Ms. Sachiyo Nakagaki	Japan	Panama Papers
366	LEKI SHIN	Japan	Panama Papers
367	TAKAHIRO INOUE	Japan	Panama Papers
368	YUKI NAKAGOME	Japan	Panama Papers
369	YUKI NAKAGOME	Japan	Panama Papers
370	Marubeni Corporation	Japan	Panama Papers
371	HIDEKI WATANABE	Japan	Panama Papers
372	KOJI IGA	Japan	Panama Papers
373	Alina Lam	Japan	Panama Papers
374	YOHEI TAKADA	Japan	Panama Papers
375	KEN NAKAHIRA	Japan	Panama Papers
376	NAN XUN	Japan	Panama Papers
377	Shrenik Jitendra Jhaveri	Japan	Panama Papers
378	PAULO ELIAS MARTINS DE MORAES	Japan	Panama Papers
379	HIDEAKI MAENISHI	Japan	Panama Papers
380	NAOHISA TOMOSUGI	Japan	Panama Papers
381	TOSHIHITO HAYAMIZU	Japan	Panama Papers

	役員名	リンク先	データ元
382	AKIRA NOMURA	Japan	Panama Papers
383	Ryuji Ito	Japan	Panama Papers
384	UEGAKI KIYOSUMI	Japan	Panama Papers
385	FUJIO HAJIME	Japan	Panama Papers
386	NAOKO WATANABE	Japan	Panama Papers
387	EKINE YUKO	Japan	Panama Papers
388	ATSUSHI KAWAI	Japan	Panama Papers
389	HIROTSUNE, KEN	Japan	Panama Papers
390	TAKAHASHI SOHACHIRO	Japan	Panama Papers
391	KWAN CHI HENG	Japan	Panama Papers
392	KATO YUKIKO	Japan	Panama Papers
393	AKIRA YASUKAWA	Japan	Panama Papers
394	Mr JIN Dong Zhe	Japan	Panama Papers
395	Ayako Miyake	Japan	Offshore Leaks
396	Kiyoaki Takahashi	Japan	Offshore Leaks
397	Shigeru KATO	Japan	Offshore Leaks
398	Kaburagi Isamu	Japan	Offshore Leaks
399	Toru Yazu	Japan	Offshore Leaks
400	Masahiro FUKUDA	Japan	Offshore Leaks
401	Kazuo Otsuka	Japan	Offshore Leaks
402	Hirokazu HIGUCHI	Japan	Offshore Leaks
403	Matabei Kato	Japan	Offshore Leaks
404	Nakamura Toshihiro	Japan	Offshore Leaks
405	FURUNO Hironori	Japan	Offshore Leaks
406	SHIBATA Takashi	Japan	Offshore Leaks
407	SASAGO YOSHIMITSU	Japan	Offshore Leaks
408	Kajiki Naofumi	Japan	Offshore Leaks
409	Kondo Chikako	Japan	Offshore Leaks
410	Togo Takashi	Japan	Offshore Leaks
411	Masami OCHIAI	Japan	Offshore Leaks
412	Shiohama Daihei	Japan	Offshore Leaks
413	Matsushita Fumio	Japan	Offshore Leaks
414	Hikita Akihiro	Japan	Offshore Leaks
415	Aihara Tsutomu	Japan	Offshore Leaks
416	Akie Cho	Japan	Offshore Leaks
417	Shigeru Ogino	Japan	Offshore Leaks
418	Toshiko Inoue	Japan	Offshore Leaks
419	Marianne S. Fujioka	Japan	Offshore Leaks
420	Mitsui O.S.K. Lines, Limited	Japan	Offshore Leaks
421	Kyoko Fujioka	Japan	Offshore Leaks
422	Mr. Ogawa Hirofumi	Japan	Offshore Leaks
423	Ishikawa Daiki	Japan	Offshore Leaks
424	YAMATO Fumiaki	Japan	Offshore Leaks
425	Masaru Yamamoto	Japan	Offshore Leaks
426	Koreto Ogata	Japan	Offshore Leaks
427	Yoshiyuki Harada	Japan	Offshore Leaks
428	Seiichi FUJITA	Japan	Offshore Leaks
429	Sano Kenichi	Japan	Offshore Leaks

	役員名	リンク先	データ元
430	Akita Toshihiro	Japan	Offshore Leaks
431	Akita Nobue	Japan	Offshore Leaks
432	Akita Eri	Japan	Offshore Leaks
433	Akita Daisuke	Japan	Offshore Leaks
434	Yasuhide Iguchi	Japan	Offshore Leaks
435	Sata Yasuhiko	Japan	Offshore Leaks
436	AsaoMikami	Japan	Offshore Leaks
437	Daiso Construction Co., Ltd.	Japan	Offshore Leaks
438	Hiroshi FUJITA	Japan	Offshore Leaks
439	Yosuke Fukushima	Japan	Offshore Leaks
440	Mitsuru Nishiyama	Japan	Offshore Leaks
441	Yamaguchi Atsushi	Japan	Offshore Leaks
442	Akihiro Shimosaka	Japan	Offshore Leaks
443	Mieko Takashima	Japan	Offshore Leaks
444	HO, HIS-CHIH ???	Japan	Offshore Leaks
445	NAKANISHI Takamoto	Japan	Offshore Leaks
446	Lin Liu	Japan	Offshore Leaks
447	NISHIGUCHI Akihisa	Japan	Offshore Leaks
448	Masako Fairley	Japan	Offshore Leaks
449	ONO Kazukiro	Japan	Offshore Leaks
450	FUJITA, KATSUTARO	Japan	Offshore Leaks
451	Tomoya Murakami	Japan	Offshore Leaks
452	Shigeru Yamazoe	Japan	Offshore Leaks
453	Lee Chang-Hwang	Japan	Offshore Leaks
454	SHIMA Yutaka	Japan	Offshore Leaks
455	MOCHIZUKI ABIN	Japan	Offshore Leaks
456	Jiro Fukuda	Japan	Offshore Leaks
457	Wan, Cheng-Tsai & Lin,Li-Yu	Japan	Offshore Leaks
458	Masumi Kakinoki	Japan	Offshore Leaks
459	IWANAGA Yasuhisa	Japan	Offshore Leaks
460	UMIX CO., LTD	Japan	Offshore Leaks
461	Shigeru Nagashima	Japan	Offshore Leaks
462	BJARNE CARLSEN	Japan	Offshore Leaks
463	TAKUZO KANEKO	Japan	Offshore Leaks
464	Hasegawa Co., Ltd.	Japan	Offshore Leaks
465	Umemura Kenji	Japan	Offshore Leaks
466	AKIKO SUZUKI	Japan	Offshore Leaks
467	KITAGAWA Kazuya	Japan	Offshore Leaks
468	Shigeo Matsui	Japan	Offshore Leaks
469	Daiwa Securities SMBC Principal Investments Co. Ltd.	Japan	Offshore Leaks
470	TAGAWA HIROAKI	Japan	Offshore Leaks
471	Yuichiro Tanaka	Japan	Offshore Leaks
472	Adam Leslie Foster	Japan	Offshore Leaks
473	TOYOSHIGE Kazushi	Japan	Offshore Leaks
474	Toshiharu Sogo	Japan	Offshore Leaks
475	Shuichi Taniguchi	Japan	Offshore Leaks
476	Ataru Onuma	Japan	Offshore Leaks
477	KOKETSU Naoki	Japan	Offshore Leaks

	役員名	リンク先	データ元
478	Shuan Yuan	Japan	Offshore Leaks
479	Matsunaga Yoshiyuki	Japan	Offshore Leaks
480	NISHIKAWA KEIKO	Japan	Offshore Leaks
481	Watanabe, Keiko	Japan	Offshore Leaks
482	Joichi Shimoichi	Japan	Offshore Leaks
483	MIYAZAKI SHIGENOBU	Japan	Offshore Leaks
484	Yorio Hidehir	Japan	Offshore Leaks
485	Akihiko Higa	Japan	Offshore Leaks
486	Yoshihiko Kimura	Japan	Offshore Leaks
487	Shozo Ohtani	Japan	Offshore Leaks
488	Ishimura Akira	Japan	Offshore Leaks
489	ONO Jun	Japan	Offshore Leaks
490	MIYATSUKA Isao	Japan	Offshore Leaks
491	YUSUKE KAJIRO	Japan	Offshore Leaks
492	Valerie Von	Japan	Offshore Leaks
493	Mikio Ando	Japan	Offshore Leaks
494	OKAMI KUMPEI	Japan	Offshore Leaks
495	Takaki Ebe	Japan	Offshore Leaks
496	Mdm Nakaya Setsu	Japan	Offshore Leaks
497	Okada Kimihide	Japan	Offshore Leaks
498	Masayuki Endo	Japan	Offshore Leaks
499	OKAJIMA Tetsuya	Japan	Offshore Leaks
500	FUJIMOTO KAZUHIRO	Japan	Offshore Leaks
501	HUANG, HSIU-JUNG	Japan	Offshore Leaks
502	Shigetoshi Sato	Japan	Offshore Leaks
503	EIJI OTA	Japan	Offshore Leaks
504	TANAKA YOSHIMITSU	Japan	Offshore Leaks
505	Izumi Kubo	Japan	Offshore Leaks
506	Hayami Takahashi	Japan	Offshore Leaks
507	Nakayama Takeshi, Nakaya Setsu & Nakay Yoshifumi as joint tenants	Japan	Offshore Leaks
508	Kenji Natori	Japan	Offshore Leaks
509	Kenji IWASA	Japan	Offshore Leaks
510	YOSHIHITO KIKUGAWA	Japan	Offshore Leaks
511	ABE Kimiyo	Japan	Offshore Leaks
512	HAYASHI Yoshiro	Japan	Offshore Leaks
513	Akiko Nagao	Japan	Offshore Leaks
514	ABE Daisuke	Japan	Offshore Leaks
515	KANAI SHOKO	Japan	Offshore Leaks
516	Shinsuke Kataoka	Japan	Offshore Leaks
517	Emiko Kato	Japan	Offshore Leaks
518	Shuhei Fujioka	Japan	Offshore Leaks
519	Toru Shimada	Japan	Offshore Leaks
520	SUZUKI Masahiro	Japan	Offshore Leaks
521	JAFCO L-2 Venture Capital Investment Limited Partnership	Japan	Offshore Leaks
522	Nobuo Otake	Japan	Offshore Leaks
523	Shunsuke Ochiai	Japan	Offshore Leaks

	役員名	リンク先	データ元
524	Eiko Sada	Japan	Offshore Leaks
525	Nakayama Takeshi	Japan	Offshore Leaks
526	Masahito Hidaka	Japan	Offshore Leaks
527	Takagi Hiroyuki	Japan	Offshore Leaks
528	Mr Vittorio Volpi	Japan	Offshore Leaks
529	Li Yongrak	Japan	Offshore Leaks
530	Christopher Seiichi Yamamoto	Japan	Offshore Leaks
531	Neil Geraint Bevan	Japan	Offshore Leaks
532	Eijiro Kodama	Japan	Offshore Leaks
533	David Bruce LEWIS	Japan	Offshore Leaks
534	Sato Yoshio	Japan	Offshore Leaks
535	Grant Cameron Goodger	Japan	Offshore Leaks
536	Koichiro MAEKAWA	Japan	Offshore Leaks
537	Dretec Co. Limited	Japan	Offshore Leaks
538	Kawachi Kiyofumi	Japan	Offshore Leaks
539	Nobuko Otomo	Japan	Offshore Leaks
540	Shinsuke Fujioka	Japan	Offshore Leaks
541	Takeo Tamamura	Japan	Offshore Leaks
542	Tsutomu Tsuboki	Japan	Offshore Leaks
543	Shunji Saeki	Japan	Offshore Leaks
544	Yasuhei Oshima	Japan	Offshore Leaks
545	Tomohiko Nagase	Japan	Offshore Leaks
546	Chiyoda Lease Co., Ltd	Japan	Offshore Leaks
547	Alan R. Seid	Japan	Offshore Leaks
548	Keiko FUJITA	Japan	Offshore Leaks
549	Sono Mariko	Japan	Offshore Leaks
550	KOHEI KIKUGAWA	Japan	Offshore Leaks
551	Michihiro Ogitani	Japan	Offshore Leaks
552	JAFCO G-8 (B) Investment Enterprise Partnership	Japan	Offshore Leaks
553	Noriatsu Suzuki	Japan	Offshore Leaks
554	Shinya FUKUDA	Japan	Offshore Leaks
555	CHITANI JUNYA	Japan	Offshore Leaks
556	Shiro Otomo	Japan	Offshore Leaks
557	Fumio Koizumi	Japan	Offshore Leaks
558	Treasury State Investments Limited	Japan	Offshore Leaks
559	YOKOTANI Kazuya	Japan	Offshore Leaks
560	Emiko Sakamoto	Japan	Offshore Leaks
561	Sayoko Oishi	Japan	Offshore Leaks
562	Kansaku Ito	Japan	Offshore Leaks
563	Takahashi, Yasumitsu	Japan	Offshore Leaks
564	NAGAMOTO Shinji	Japan	Offshore Leaks
565	Trendy Information Co. Ltd.	Japan	Offshore Leaks
566	Tatsuya Hoshino	Japan	Offshore Leaks
567	Mamoru Nakamura	Japan	Offshore Leaks
568	David Scat	Japan	Offshore Leaks
569	Katsu World Co., Ltd	Japan	Offshore Leaks
570	Kokichi Nakayama	Japan	Offshore Leaks
571	WU KEBO	Japan	Offshore Leaks

	役員名	リンク先	データ元
572	Tonami Oshida JAL Leasing Co., Ltd	Japan	Offshore Leaks
573	JAL Leasing Co., Ltd	Japan	Offshore Leaks
574	Joji Otomo	Japan	Offshore Leaks
575	HUNG STEPHANIE YI-HUA	Japan	Offshore Leaks
576	Toshio Takahashi	Japan	Offshore Leaks
577	Yoshihiko Furuta	Japan	Offshore Leaks
578	Takeo Endo	Japan	Offshore Leaks
579	William Van Alstine	Japan	Offshore Leaks
580	Yoshimori Muraoka	Japan	Offshore Leaks
581	Paul Cuthbert-Brown	Japan	Offshore Leaks
582	Satya Narayan	Japan	Offshore Leaks
583	Hamish A Ross	Japan	Offshore Leaks
584	Kenji Nishida	Japan	Offshore Leaks
585	Tsong-Tso Kuo	Japan	Offshore Leaks
586	Alina Lam	Japan	Offshore Leaks
587	JAFCO GC-1 Investment Enterprises Partnership	Japan	Offshore Leaks
588	SHIBATA Takashi	Japan	Offshore Leaks
589	ODA MINORU	Japan	Offshore Leaks
590	Toshitake Suzuki	Japan	Offshore Leaks
591	Minako Wakayama	Japan	Offshore Leaks
592	KOSAKU MABUCHI	Japan	Offshore Leaks
593	Shujo Shima	Japan	Offshore Leaks
594	Fuminori Goto	Japan	Offshore Leaks
595	Maya Otake	Japan	Offshore Leaks
596	Reiko Uno	Japan	Offshore Leaks
597	OHARA YURI	Japan	Offshore Leaks
598	Rakuten Strategic Partners, Inc.	Japan	Offshore Leaks
599	Harada Kenjl	Japan	Offshore Leaks
600	TOKUMARU Takeji	Japan	Offshore Leaks
601	Velisarios Kattoulas	Japan	Offshore Leaks
602	Mimi T. M. Chang	Japan	Offshore Leaks
603	Mimi T.M. Chang	Japan	Offshore Leaks
604	CHANG, KUNG-CHIU	Japan	Offshore Leaks
605	Kenichi Dobashi	Japan	Offshore Leaks
606	Dai Nippon Printing Co., Ltd	Japan	Offshore Leaks
607	Norikazu Akiyama	Japan	Offshore Leaks
608	Mizuno Makiko	Japan	Offshore Leaks
609	Ryuji Ishii	Japan	Offshore Leaks
610	LIU LIN	Japan	Offshore Leaks
611	YANASE Tomoharu	Japan	Offshore Leaks
612	Nosui Corporation	Japan	Offshore Leaks
613	Kota KIKUCHI	Japan	Offshore Leaks
614	Nagayoshi Maemi	Japan	Offshore Leaks
615	Philip Gavin Mark WOODALL	Japan	Offshore Leaks
616	Tsoi Cheong Mo	Japan	Offshore Leaks
617	Toshka Inc.	Japan	Offshore Leaks
618	MATSUI Yoshiyuki	Japan	Offshore Leaks
619	TATSUMI ISAMU	Japan	Offshore Leaks

	役員名	リンク先	データ元
620	Wataru Yoshikoshi	Japan	Offshore Leaks
621	Takao Sakamoto	Japan	Offshore Leaks
622	ORIX Fund No. 10	Japan	Offshore Leaks
623	Nakamura, Keiko	Japan	Offshore Leaks
624	TAKITA Kazunobu	Japan	Offshore Leaks
625	Harunori Takahashi	Japan	Offshore Leaks
626	Masaki Kurihara	Japan	Offshore Leaks
627	Masaki Takashima	Japan	Offshore Leaks
628	Ken Shidemori	Japan	Offshore Leaks
629	SHIGEO KURAMOTO	Japan	Offshore Leaks
630	NISHIKAWA AKIO	Japan	Offshore Leaks
631	Hotoshi Shinomiya	Japan	Offshore Leaks
632	Ishimura Akira	Japan	Offshore Leaks
633	Maurice Yusuf Jamall	Japan	Offshore Leaks
634	Fukudda Eiji	Japan	Offshore Leaks
635	Koshiro Taniguchi	Japan	Offshore Leaks
636	SUMITA MASATOSHI	Japan	Offshore Leaks
637	Yoshinobu Iwasaki	Japan	Offshore Leaks
638	Murasawa Toshinori	Japan	Offshore Leaks
639	OHARA HIROKO	Japan	Offshore Leaks
640	Takahiro Mazaki	Japan	Offshore Leaks
641	HIROSHI ONO	Japan	Offshore Leaks
642	Jun Murata	Japan	Offshore Leaks
643	HAYASHI KENZO	Japan	Offshore Leaks
644	Shi Jieping	Japan	Offshore Leaks
645	Tanaka, Seiichi	Japan	Offshore Leaks
646	Shigeru Adegawa	Japan	Offshore Leaks
647	MASAHARU TAKAO	Japan	Offshore Leaks
648	Tomomi Sasaki	Japan	Offshore Leaks
649	Japan Petroleum Exploration Co. Ltd.	Japan	Offshore Leaks
650	DI-1 INVESTMENT FUND	Japan	Offshore Leaks
651	Behm Frank Joseph	Japan	Offshore Leaks
652	SATO KAZUMI	Japan	Offshore Leaks
653	Toshiaki Sakuma	Japan	Offshore Leaks
654	Takeshi Miyaji	Japan	Offshore Leaks
655	ORIX FUND NO. 9	Japan	Offshore Leaks
656	Ant LEAD NO. 1 VENTURE CAPITAL INVESTMENT LIMITED PARTNERSHIP	Japan	Offshore Leaks
657	NEOMAX CO., LTD	Japan	Offshore Leaks
658	BHAGWAN NARAINDAS CHOTIRMALL	Japan	Offshore Leaks
659	Kaju Hosaka	Japan	Offshore Leaks
660	Hamanaka Keisuke	Japan	Offshore Leaks
661	LIN, Por-Shih	Japan	Offshore Leaks
662	Christian Andersen	Japan	Offshore Leaks
663	Kiyotada Kadoya	Japan	Offshore Leaks
664	Ryota Kobayashi	Japan	Offshore Leaks
665	NOMURA Naoki	Japan	Offshore Leaks
666	Futoshi Suetsuna	Japan	Offshore Leaks

	役員名	リンク先	データ元
667	Yu-Ting Hou	Japan	Offshore Leaks
668	Miki Masafumi	Japan	Offshore Leaks
669	Wei Wanming	Japan	Offshore Leaks
670	Nobuyuki HAYASHI	Japan	Offshore Leaks
671	Raymond Wohl KLEIN	Japan	Offshore Leaks
672	OSHIDA MASAHIRO	Japan	Offshore Leaks
673	Otsuka Shuichi	Japan	Offshore Leaks
674	WADA, KIYOSHI	Japan	Offshore Leaks
675	Poon Kam Shing	Japan	Offshore Leaks
676	WATANABE, KEIKO	Japan	Offshore Leaks
677	Anthony Heweston	Japan	Offshore Leaks
678	Roger Francis Raby GRIFFIN	Japan	Offshore Leaks
679	Ko Shinkai	Japan	Offshore Leaks
680	MIZUSHIMA Hiromasa	Japan	Offshore Leaks
681	Ken Kiyoshi	Japan	Offshore Leaks
682	Yoshio Nakane	Japan	Offshore Leaks
683	Masahiro Seki	Japan	Offshore Leaks
684	Keiichi Uezeumi	Japan	Offshore Leaks
685	Noriko Wado	Japan	Offshore Leaks
686	Paul Ibbotson	Japan	Offshore Leaks
687	Juichi Hayano	Japan	Offshore Leaks
688	MIURA YOSHITOMI	Japan	Offshore Leaks
689	CHIKAGAMI YASUSHI	Japan	Offshore Leaks
690	Mitsubishi Corporation	Japan	Offshore Leaks
691	Tsai, Li-Hsiang	Japan	Offshore Leaks
692	Tatsuru Fukaya	Japan	Offshore Leaks
693	Masaru Wada	Japan	Offshore Leaks
694	Harada Tomitaro	Japan	Offshore Leaks
695	Tomoyoshi Hirata	Japan	Offshore Leaks
696	Jones, Day, Reavis & Pogue, Tokyo	Japan	Offshore Leaks
697	Megumi Shibuya	Japan	Offshore Leaks
698	Yoshihiro Mikami	Japan	Offshore Leaks
699	Marubeni Itochu Steel Inc.	Japan	Offshore Leaks
700	Bradley Christopher Ritchey	Japan	Offshore Leaks
701	TSUKUI Takahiro	Japan	Offshore Leaks
702	HIDEO TOKUHARA	Japan	Offshore Leaks
703	Yumiko Yazu	Japan	Offshore Leaks
704	VINOD KRISHIN MALKANI	Japan	Offshore Leaks
705	Atlas Co., Limited	Japan	Offshore Leaks
706	Kazutoshi Hida	Japan	Offshore Leaks
707	UEKI Toru	Japan	Offshore Leaks
708	SUNG, CHIU-HSIANG	Japan	Offshore Leaks
709	DWANGO Co., Ltd.	Japan	Offshore Leaks
710	ABE Atsushi	Japan	Offshore Leaks
711	Yoichiro Hirata	Japan	Offshore Leaks
712	NVCC CHINESE NEW STARS I PARTNERSHIP	Japan	Offshore Leaks
713	Fujita Naonori	Japan	Offshore Leaks
714	Jean-Claude Marcel Humair	Japan	Offshore Leaks

	役員名	リンク先	データ元
715	JAFCO G-8 (A) Investment Enterprise Partnership	Japan	Offshore Leaks
716	Takeyoshi Yaegashi	Japan	Offshore Leaks
717	Genro Kato	Japan	Offshore Leaks
718	Chan Yan Mei, Mary-Ellen	Japan	Offshore Leaks
719	Ryutaro Iwata	Japan	Offshore Leaks
720	KAMAKURA Takeshi	Japan	Offshore Leaks
721	Tong, Ching-Hsi.	Japan	Offshore Leaks
722	Tomofumi Fukuda	Japan	Offshore Leaks
723	SAKAMOTO Noriyuki	Japan	Offshore Leaks
724	Takaaki Maki	Japan	Offshore Leaks
725	LIEB FRAU CO., LTD.	Japan	Offshore Leaks
726	CHANG, YU-TSUNG	Japan	Offshore Leaks
727	Masahiro Uno	Japan	Offshore Leaks
728	Koji Kikuchi	Japan	Offshore Leaks
729	HIDEO TOKUHARA & NORIKO TOKUHARA	Japan	Offshore Leaks
730	Masashi KANEKO	Japan	Offshore Leaks
731	FUKUI Masayuki	Japan	Offshore Leaks
732	Yatsuki Mutsumi	Japan	Offshore Leaks
733	Koji Yamasaki Japan	Japan	Offshore Leaks
734	Toshihiro Fukumara	Japan	Offshore Leaks
735	Chihiro Shikama	Japan	Offshore Leaks
736	FUKUMOTO Shigeyuki	Japan	Offshore Leaks
737	YOSHIKI KINOSHITA	Japan	Offshore Leaks
738	Mr Nakaya Zensuke	Japan	Offshore Leaks
739	OTSU Masami	Japan	Offshore Leaks
740	SATO TEC. CORPORATION	Japan	Offshore Leaks
741	Makoto Yanase	Japan	Offshore Leaks
742	SAITO Tatsuo	Japan	Offshore Leaks
743	HIDENORI FUJITA	Japan	Offshore Leaks
744	Tokio Marine Holdings, Inc	Japan	Offshore Leaks
745	Ishimura Akira	Japan	Offshore Leaks
746	Sun Arrow Co Ltd	Japan	Offshore Leaks
747	Miyoko Yazu	Japan	Offshore Leaks
748	Miyagawa Futoshi	Japan	Offshore Leaks
749	Katsunosuke Inoue	Japan	Offshore Leaks
750	INOUE Takahiro	Japan	Offshore Leaks
751	TOMONAO MIYASHIRO	Japan	Offshore Leaks
752	Kazunari Kohno	Japan	Offshore Leaks
753	A-Spine Inc	Japan	Offshore Leaks
754	Yasuhiro FUKUDA	Japan	Offshore Leaks
755	Nakata, Shokichi	Japan	Offshore Leaks
756	Mamoru Sekiyama	Japan	Offshore Leaks
757	Naoto Tago	Japan	Offshore Leaks
758	Yusen Air & Sea Service Co. Ltd.	Japan	Offshore Leaks
759	Yulong ZHENG	Japan	Offshore Leaks
760	Mitsuru Kamikanda	Japan	Offshore Leaks
761	Katsuhisa KAWASAKI	Japan	Offshore Leaks
762	MO　AKIRA	Japan	Offshore Leaks

	役員名	リンク先	データ元
763	Keiko Ito	Japan	Offshore Leaks
764	Nagata Jiro	Japan	Offshore Leaks
765	ASAKAWA Futoshi	Japan	Offshore Leaks
766	Grant FATHIE	Japan	Offshore Leaks
767	MASUDA Takahiro	Japan	Offshore Leaks
768	Nippon Paper Industries Co., Ltd.	Japan	Offshore Leaks
769	YAMAUCHI Shigeya	Japan	Offshore Leaks
770	Akira Suda	Japan	Offshore Leaks
771	Genichi Kato	Japan	Offshore Leaks
772	KOJIMA Tadahisa	Japan	Offshore Leaks
773	CHO KARIN	Japan	Offshore Leaks
774	Yoichi ABE	Japan	Offshore Leaks
775	LIN, Por-Fong	Japan	Offshore Leaks
776	Sadao Koyanagi	Japan	Offshore Leaks
777	Kohya, Hideki	Japan	Offshore Leaks
778	CHANG WANG, LING-CHAN	Japan	Offshore Leaks
779	Wu Kebo	Japan	Offshore Leaks
780	KOYAMA Mitsuru	Japan	Offshore Leaks
781	Saori Tamura	Japan	Offshore Leaks
782	Takeshi Fuji	Japan	Offshore Leaks
783	Junko Hirayama	Japan	Offshore Leaks
784	KIM Young Sam	Japan	Offshore Leaks
785	Arihito Yamada	Japan	Offshore Leaks
786	Uichiro Naito	Japan	Offshore Leaks
787	G-Mode Co., Ltd	Japan	Offshore Leaks
788	Michael Chang	Japan	Offshore Leaks
789	HASHIMOTO Yoshifumi	Japan	Offshore Leaks
790	ANZO Motokuni	Japan	Offshore Leaks
791	Hiroshi Nakagawa	Japan	Offshore Leaks
792	Scott Aycock Clark	Japan	Offshore Leaks
793	Hashimoto, Yuiko	Japan	Offshore Leaks
794	HIROSHI HIGUCHI	Japan	Offshore Leaks
795	Kyu Eikan	Japan	Offshore Leaks
796	Kyu Aran	Japan	Offshore Leaks
797	Kyu Seigen	Japan	Offshore Leaks
798	Kyu Seihin	Japan	Offshore Leaks
799	Koji YANAGISAWA	Japan	Offshore Leaks
800	HUANG, Yin-Jye	Japan	Offshore Leaks
801	Angela Ng Bow Humair	Japan	Offshore Leaks
802	Jean-Michel Grau	Japan	Offshore Leaks
803	TANAKA KAZUHISA	Japan	Offshore Leaks

	役員名	リンク先	データ元
804	Sharecorp Limited	Italy, Canada, Australia, United States, Philippines, South Korea, Mauritius, Guernsey, United Arab Emirates, Russia, Germany, Hong Kong, Kazakhstan, Taiwan, Japan, Thailand, Switzerland, China, Djibouti, Indonesia, Spain, British Virgin Islands, United Kingdom, Sri Lanka, Greece, India, Singapore, Malaysia, Not identified, Turkey	Offshore Leaks
805	OKUBO KEN ????	Japan	Offshore Leaks
806	Tsuyoshi Sugibuchi	Japan	Offshore Leaks
807	Yazu Kikaku Co., Ltd	Japan	Offshore Leaks
808	Satoshi Aoki	Japan	Offshore Leaks
809	Hisako Akutagawa	Japan	Offshore Leaks
810	SHOICHI YONEMITSU	Japan	Offshore Leaks
811	ZHENG YU LONG ???	Japan	Offshore Leaks
812	KENTARO MATSUDA	Japan	Offshore Leaks
813	OHARA CHIYUKI	Japan	Offshore Leaks
814	Nissho Iwai Corporation	Japan	Offshore Leaks
815	Naomichi KOMURO	Japan	Offshore Leaks
816	LIN, Yu-Chia	Japan	Offshore Leaks
817	Yamaichi Finance Co.	Japan	Offshore Leaks
818	Takao Homma	Japan	Offshore Leaks
819	Junichi Mizuno	Japan	Offshore Leaks
820	Tanaka Nobuhiro	Japan	Offshore Leaks
821	Ida Minoru	Japan	Offshore Leaks
822	AKIYUKI TAKAYA	Japan	Offshore Leaks
823	Dream Incubator Inc.	Japan	Offshore Leaks
824	Osamu Shinomiya	Japan	Offshore Leaks
825	TAKAMIYA Michiya	Japan	Offshore Leaks
826	Susumu Suzuki	Japan	Offshore Leaks
827	Mr Nakaya Yoshifumi	Japan	Offshore Leaks
828	Nobuhiro FUJITA	Japan	Offshore Leaks
829	Kenji Philip Steven	Japan	Offshore Leaks
830	SAKATANI HIROSHI	Japan	Offshore Leaks
831	KOJIMA HARUO	Japan	Offshore Leaks
832	KO KEIKO	Japan	Offshore Leaks
833	OHARA HIROSHI	Japan	Offshore Leaks
834	KOSAKA Yasunori	Japan	Offshore Leaks
835	Robert Brian Waring	Japan	Offshore Leaks

	役員名	リンク先	データ元
836	FUKUHARA SHINGEN	Japan	Offshore Leaks
837	TAKAYA AKIYUKI (????)	Japan	Offshore Leaks
838	Go Tensei	Japan	Offshore Leaks
839	USUDA Kayoko	Japan	Offshore Leaks
840	YOSHIDA KIKUICHI	Japan	Offshore Leaks
841	Tanaka Michio	Japan	Offshore Leaks
842	KOKETSU Atsuko	Japan	Offshore Leaks
843	SORYU NAKAYAMA	Japan	Offshore Leaks
844	HIROHIKO KUBO	Japan	Offshore Leaks
845	Masaki NISHIDA	Japan	Offshore Leaks
846	Hiroshi Tachigami	Japan	Offshore Leaks
847	Japan Information Systems Co., Ltd	Japan	Offshore Leaks
848	OGURI Masakatsu	Japan	Offshore Leaks
849	HAGIYA HIROSHI	Japan	Offshore Leaks
850	KOZAWA Hiroki	Japan	Offshore Leaks
851	Zhou Jian	Japan	Offshore Leaks
852	Interpacific Fund M	Japan	Offshore Leaks
853	YOICHI KAJIRO	Japan	Offshore Leaks
854	Taketo Kikuchi	Japan	Offshore Leaks
855	Zhengbo Zhang	Japan	Offshore Leaks
856	Koike Shoko	Japan	Offshore Leaks
857	SHEILA VINOD MALKANI	Japan	Offshore Leaks
858	YASUSHI MURATA	Japan	Offshore Leaks
859	TSUJI KUNIHIKO	Japan	Offshore Leaks
860	Takehisa Kanamori	Japan	Offshore Leaks
861	corporate directions Inc	Japan	Offshore Leaks
862	Lifetec Corporation	Japan	Offshore Leaks
863	Tsai, Ching-Shin	Japan	Offshore Leaks
864	Yasuro Yamauchi	Japan	Offshore Leaks
865	WANG YI	Japan	Offshore Leaks
866	Ayoko Miyake	Japan	Offshore Leaks
867	MASAAKI IKARI	Japan	Offshore Leaks
868	Hiromitsu Tanaka	Japan	Offshore Leaks
869	Marcus Henry Bennison	Japan	Offshore Leaks
870	Atsuo Shimada	Japan	Offshore Leaks
871	IM Wing Sum, Victor	Japan	Offshore Leaks
872	G5 Partners LP	Japan	Offshore Leaks
873	BANDAI NETWORKDS CO. LTD.	Japan	Offshore Leaks
874	Shinichi Kasamatsu	Japan	Offshore Leaks
875	HIROAKI, TATSUO	Japan	Offshore Leaks
876	Tsai, Lin-Na	Japan	Offshore Leaks
877	Sanley Enterprises Limited	Japan, Hong Kong	Offshore Leaks
878	OISHI Tatsuko	Japan	Offshore Leaks
879	Fast Retailing Co., Ltd.	Japan	Offshore Leaks
880	Chiaki SHIMADA	Japan	Offshore Leaks
881	Lin Chu Hong	Japan	Offshore Leaks
882	Akiko Yamamoto	Japan	Offshore Leaks
883	FUJISAWA NORIO	Japan	Offshore Leaks

	役員名	リンク先	データ元
884	Yoshihiro Mageta	Japan	Offshore Leaks
885	YAMASHITA Tsuyoshi	Japan	Offshore Leaks
886	Umeda Yoshio	Japan	Offshore Leaks
887	Shinichi Yamamura	Japan	Offshore Leaks
888	FUJITA, CHIKARA	Japan	Offshore Leaks
889	Taku Tanaka	Japan	Offshore Leaks
890	OKAHATA Seiki	Japan	Offshore Leaks
891	KINOSHITA Ayumi	Japan	Offshore Leaks
892	Atlas Company Limited	Japan	Offshore Leaks
893	TATSUMI SUSUMU	Japan	Offshore Leaks
894	SHINSEI KIKUGAWA	Japan	Offshore Leaks
895	Rex Y Wang	Japan	Offshore Leaks
896	KEIKYO HARIBAYASHI	Japan	Offshore Leaks
897	Kotani Atsushi	Japan	Offshore Leaks
898	Trustcorp Limited	United States, Singapore, Japan, British Virgin Islands, United Kingdom, Hong Kong, Not identified, Thailand, Cook Islands	Offshore Leaks
899	Marubeni Corporation	Japan	Offshore Leaks

G7伊勢志摩サミットへ向けて
日本の有識者による政府へ呼び掛けと
トマ・ピケティ氏ら世界の経済学者の公開書簡へ賛同

本年4月、ＩＣＩＪ（国際調査報道ジャーナリスト連合）による「パナマ文書」公開を受け、格差拡大を増幅させるタックスヘイブンの問題がメディアでも大きく取り上げられるに至りました。

5月上旬には、イギリスにて腐敗防止サミットが開催されました。このサミットに先駆けて、このタックスヘイブン問題に対し各国に国際協調と取り組みを要請する公開書簡が発表されました。国際ＮＧＯオックスファムが呼び掛けたこの公開書簡には、ベストセラー『21世紀の資本』を執筆したトマ・ピケティ教授、２０１５年のノーベル経済学賞受賞者であるプリンストン大学のアンガス・ディートン教授、潘基文国連事務総長のアドバイザーを務めるジェフリー・サックス氏やＩＭＦの前主席エコノミストのオリビエ・ブランシャール氏など、世界30か国以上から３００人以上の経済学者が名を連ねました。

5月26日から27日、伊勢志摩で日本政府が議長国となりG7サミットが開催さ

れます。私たちは、この「トマ・ピケティ氏ら世界の経済学者の公開書簡」の趣旨に賛同し、日本政府に対し、タックスヘイブンへの有効な対策へ向けてG7主催国として積極的な役割を担うことを呼び掛けます。

「10人の経済学者が集まると、11の異なった経済政策が提案されると言われます。だが、富裕層や多国籍企業がペーパーカンパニーを使って資産を隠すことを許しているタックスヘイブンの存在に関しては、1つの提案しかありません。それがこの公開書簡の内容です。」

岩井克人　東京大学名誉教授

「世界的なマネー氾濫は随所で民主主義を腐食し、戦争とテロへと道を開いています。問題の根源は、覇権大国はじめ各国政府が既得権益の維持のために放漫な財政支出を際限もなく続けていることにあります。私たちがそれを受け入れている現実に、このさい思いを馳せたいものです。」

西川　潤　早稲田大学名誉教授

公開書簡への日本からの賛同人一覧　(合計47名・五十音順)

青木　丈	千葉商科大学大学院商学研究科客員教授
姉歯　暁	駒澤大学経済学部教授
石井　寛治	東京大学経済学部名誉教授
伊藤　恭彦	名古屋市立大学教授
伊藤　悟	日本大学法学部教授
伊藤　誠	経済学者
稲　正樹	(元) 国際基督教大学教授
岩井　克人	東京大学名誉教授
岩波　文孝	駒澤大学経済学部教授
上村　雄彦	横浜市立大学　学術院　国際総合科学群教授
遠藤　乾	北海道大学法学部法学研究科公共政策大学院教授
大西　広	慶応義塾大学教授
大橋　正明	聖心女子大学教授
海蔵寺大成	国際基督教大学教授
金子　文夫	横浜市立大学名誉教授
上川　孝夫	横浜国立大学名誉教授
菊地　夏野	名古屋市立大学准教授
紀　葉子	東洋大学社会学部教授
木部　尚志	国際基督教大学教授
熊岡　路矢	日本映画大学教授
桑原　昌宏	(元) 愛知学院大学法学部教授
合田　寛	公益財団法人政治経済研究所理事
櫻井　公人	立教大学経済学部経済研究所長 (立教大学教授)
笹岡　雄一	明治大学教授
白井　邦彦	青山学院大学経済学部教授
鷹木　恵子	桜美林大学　人文学系教授
谷川喜美江	千葉商科大学商経学部准教授
千葉　眞	国際基督教大学特任教授
寺尾　光身	名古屋工業大学名誉教授
長塚　真琴	一橋大学大学院法学研究科教授
中山智香子	東京外国語大学教授
行方　久生	文教大学経営学部教授
新倉　修	青山学院大学教授
西川　潤	早稲田大学名誉教授
平川　均	国士舘大学・名古屋大学名誉教授
平野　健	中央大学商学部准教授
広井　良典	京都大学教授
古沢　広祐	國學院大學経済学部教授
蛇石　郁子	福島県郡山市議会議員
本田　浩邦	獨協大学経済学部教授
三木　義一	青山学院大学学長 (教授)
宮田　惟史	駒澤大学経済学部准教授
毛利　勝彦	国際基督教大学教授
毛利　聡子	明星大学教授
望月　爾	立命館大学法学部教授
諸富　徹	京都大学大学院経済学研究科教授
和仁　道郎	横浜市立大学准教授

トマ・ピケティ氏ら世界の経済学者の公開書簡　公開書簡全文

各国首脳の皆さま

今月ロンドンで開かれる腐敗防止サミットの場を活用して、私たちはタックスヘイブンの時代を終わりに導くための有意義かつ有効な議論を行ってくださるよう求めます。タックスヘイブンの存在は、世界の富や福祉の増進に何の貢献もせず、経済的に有益な役割を果たすものではありません。タックスヘイブンは、一部の富裕層や多国籍企業に利益をもたらしていますが、この利益は他者の損失の上に成り立っており、格差と不平等を助長する大きな要因となっています。

「パナマ文書」などによって明らかにされたように、タックスヘイブンに伴う情報の不透明性と秘密主義が、汚職や腐敗をあおり、国家が正当な税収を確保するための徴税能力を損なっています。タックスヘイブンを利用した税逃れ行為はすべての国の国益を損なっていますが、貧しい国々ほど相対的に大きな被害を受けており、少なくとも年に1700億ドルの税収入が失われています。

個人や法人の所得に対する直接あるいは間接的な課税のあり方について、私たち

経済学者の間には 様々な見解があります。しかしながら、活動実態のないペーパーカンパニーに利益を計上して資産を隠すことを許すタックスヘイブンの存在がグローバルな経済活動を歪めているという点において、私たちの見解は一致していま す。不法行為を隠蔽し、富裕層と多国籍企業だけが利用できる特別なルールを設定することで、タックスヘイブンは、経済発展のために不可欠な要素である法の支配を脅かす存在となっているのです。

タックスヘイブンの秘密主義に切り込み、タックスヘイブンを含む各国が国別の報告書を公開すること等についての新たな国際的合意が必要です。各国政府もまた、自らの政治的権限が及ぶ領域内に存在するすべての企業や財団について、その活動から利益を得ている実質的所有者に関する情報を一般に開示するなどして、振る舞いを正さねばなりません。特に、世界のタックスヘイブンの三分の一を自らの管轄下に擁する英国は、今回の腐敗防止サミットの議長国でもあり、この問題についてリーダーシップを発揮しうる絶好の立場にあります。

タックスヘイブンに関する取り組みは容易ではありません。現状を堅持しようとする既得権益層など強大な抵抗勢力も存在します。しかし、「国富論」において「富める者はその収入の割合に応じて公共の費用を負担するのではなく、その割合以上の貢献をすべきである」と言ったのはアダム・スミスでした。タックスヘイブンの存在を容認し続けるのは、この文言を根底から覆すことであり、そこに経済学的な正当性はありません。

●公開書簡原文
https://www.oxfam.org/en/pressroom/pressreleases/2016-05-09/tax-havens-serve-no- usefuleconomic-purpose-300-economists-tell

●公開書簡和訳とオックスファム・ジャパンによるプレスリリース
http://oxfam.jp/news/cat/press/300.html

●グローバルな賛同者のリスト
https://drive.google.com/file/d/0B4X9dVfLFAGQRk5STUhvZ3JjbXc/view

●グローバル連帯税フォーラムによるプレスリリース
http://isl-forum.jp/archives/1538

タックス・ジャスティス・ネットワーク（ＴＪＮ）と運動の非公式な歴史（抄訳）

原題：An informal history of TJN and tax justice movement
（タックス・ジャスティス・ネットワークのブログ＝http://www.taxjustice.net/5828-2/ ＝より）

われわれの当初の歴史は英国に始まったが、今日国際的な組織に成長を遂げた。まずユー・ケー・アンカット（UK Uncut）と呼ばれる街頭活動家集団のルーツを探ることから始めよう。UK Uncut は２０１０年に大規模な緊縮政策と多国籍企業に対する大胆な減税に抗議するためにスタートした。その運動はイギリスにおける税逃れの現実に大きく目を向けさせ、多くの国で同様なグループを設立するきっかけとなった。

UK Uncut の人々はＴＪＮがそれまでやれなかったことをやった。公共の広場で、しばしば面倒な状況で、集会を開いたり、時には逮捕のリスクを冒しながら、店頭で叫んだり抗議したりした。

UK Uncut の運動はリチャード・ブルックの著作や、過激な調査で知られるイギリスの風刺雑誌で、長年にわたって税逃れの事例を暴露してきたプライベート・アイによって駆り立てられた。脱税、税逃れ、タックスヘイブンに関するニュースソースは他にいくつもあった。とりわけ2011年前後から、その種の記事が増えたが、たとえば国際調査報道ジャーナリスト連合（ICIJ）に関する記事を掲載したガーディアン紙などがある。

TJNとその世界の仲間たちは彼等と競ったが、彼等とは少し違って、この問題が国際的関心の的となるはるか前から、税やタックスヘイブンを理解する一貫性のある知的フレームワークを作る大きな役割を果たしてきた。実際それは金融グローバリゼーションを理解する新しいフレームワークであり、その分析は着々と世界中にいきわたった。

以下の説明はTJNのディレクターであるジョン・クリステンセンによるものである。彼はTJNの創始者たちの中でも第一人者であり、創設以来のリーダーである。そのためこの文書は彼の見方を反映するインフォーマルな説明ということになる。他の人のコメントがあれば、このブログをその都度修正する。

今日のTJNの初期の活動家で、TJNが設立される以前から活動をしていた人に、ジャック・ブラムというアメリカのベテラン弁護士がいる。彼は1970年代にロッキード・マーチン・スキャンダルを暴き、ノリエガ将軍の麻薬の違法売買を調査し、史上最悪の犯罪銀行ＢＣＣＩを打ち砕くことに貢献した。ブラムは以前からタックスヘイブンの重要性について気が付き、この問題に関心がある人を探していた。

そのほか初期の思索家としてジェームス・ヘンリーがいた。彼はマッキンゼーの元チーフ・エコノミストで、１９７０年代までさかのぼり、西欧の銀行やタックスヘイブンを通じた途上国への略奪について調査を始めた。(彼の完璧な調査「ブラッド・バンカー」ではプラーベートバンクのリアルな略奪が語られている)

しかし急成長するオフショア世界を理解するのに必要な情報は１９９０年代まではほとんど存在しなかった。クリステンセンは１９８５年にマレーシアで働いていた時、タックスヘイブンに関係した腐敗の調査にかかわった。そして当時その問題を完全に研究しようとした。このことは「Treasure Islands(タックスヘイブンの闇)」に書かれている。

彼はイギリスへ行き、数カ月間、どこにマネーが流れ、どのようにオフショアシステムが機能しているかを理解するために、図書館で調べ、また会える限りのすべての経済学者や資本市場のエキスパートに会うためにすごした。しかし誰も何も知らなかった。彼は「これがいかに禍のもとになっているかを理解しているものはいない」、「役立つ情報はどこにもなかった」と述べた。

クリステンセンはソル・ピチオットが1992年に著した「International Business Taxation」が、タックスヘイブンと企業の税逃れに関して「私の思考を非常に鮮明にした」と述べた。また会計学の専門家でエセックス大学のプレム・シッカもこの問題について公の発言をしてきたが、1998年にAssociation for Accountancy and Business Affairs (AABA,) を立ち上げ、「Auditors: Holding the Public to Ransom」を出版した。

「Trying to Have Your Cake and Eating It: How and Why the State System Has Created Offshore」(1998年)の著者ロナン・パランは早くから影響力を与えた人物である。以上すべての人々が今日のTJNの上級アドバイザーである。

TJNの外部では、マーク・ハンプトンの著作、特に「The Offshore Interface」(1996年)をあげることができるであろう。同書はタックスヘイブンを理解したり、それが何を意味するかを知るための知的フレームワークが世界のどこにもなかった時代に、この分野で最も影響力を与えるものであった。アメリカではシティズンズ・フォア・タックスジャスティス(TJNとは組織的な関係はないが、良き友人である）とその不屈のリーダーであるボブ・マッキンタイルが、数十年にわたってアメリカ国内の税の公正をめざす運動に重要な役割を果たしてきた。国際的なタックスヘイブンの難しい世界への探索は時折行われただけであったが、アメリカにおける彼らの影響力は比類のないものであった。ドナルド・レーガンの1986年の税制大改革に関する書物には次のように記されている。

〝税の議論に関しては、ボブ・マッキンタイルのレポートは企業ロビイストのいかなる一斉射撃よりも影響力を持った〟

その他国際的には、アンクタッドによる業績や1990年代末のOECDの失敗した「有害な税の競争」プロジェクトがあり、また2001年にタックスヘイブンを「fiscal termites（税のシロアリ）」とうまく名付けた国連エコノミストのヴィト・タンツィの業績がある。タンツィは2002年にメキシコのモンテレィで開かれた国連開発金融会議で需要な役割を果たした。この会議でまとめられた「モンテレィ・コンセンサス」は、開発のための資金調達に関して、途上国に関心の的を援助と借款から国内資源（すなわち税）の動員にシフトさせた。

モントレィ・コンセンサスは広く知られたが、グローバルな「ツアイト・ガイスト」（時代精神）はほとんど変わっていない。税は逃れることができるものとされ、また「経済成長に悪影響をもたらす」（世界銀行の'Doing Business'国別報告にも反映されている）ものと考えられた。またタックスヘイブンはエキゾティックで世界経済にとって取るに足らない二次的な問題として片づけられたり、あるいは世界中を駆け巡る巨額のマネーにとっての「効率的」で控えめなプラットフォームだなどというコンセンサスが一般化した。ワシントンでもブラッセルでもパリでもロンドンでも「見ざる、言わざる、聞かざる」の姿勢がみられた。

1996年、プレム・シッカは独特の立法プロセス（有限責任パートナーシップ法）を調査するためにジャージーに行った。のちにそれを2002年の論文「No Accounting for Tax Havens」の第6章、および「Treasure Islands」の第9章に書いている。

それはそれ自身、魅力的な政治経済の物語であった。そのどちらも議論を専門家以外の読者に理解させることに大きく貢献した。しかし今日のブログの目的のキー・ポイントは、ジャージーへの首都セントヘリアへの研究旅行の途中、彼は、当時タックスヘイブンの経済アドバイザーをつとめながらも当地のオフショア金融セクターに疑問を持っていたクリステンセンに出会ったことである。すぐさま知的な火花が散った。それがTJNの前史のもう一つの重要な瞬間であった。クリステンセンは記憶している：

〝セントヘリアのバーでわずか2～3時間の密談の後、彼は私に、タックスヘイブンに反対して前に進むこと、キャンペーンを開始するときは今だということを確信させた〟

クリステンセンは1998年に仕事を辞め、ジャージーを去った。そして何かを立ち上げるプランを温めながら、ロンドンの民間セクターで働いた。1999年、彼は慈善団体オックスファムの2000年6月の重要なレポート〝Tax Havens: Releasing the hidden billions for poverty eradication（タックスヘイブン：貧困撲滅のために隠された大金を解き放つ）〟に対してアドバイスした。このレポートは当時一定の関心を集めたが十分にではなかった：当時の多くのNGOは途上国が如何に援助のレベルを引き上げるかに焦点をあてており、如何に自らの国の収入を動員するかという、より困難であるけれどより重要な問題には関心があまりなかった。後者の関心は当時のレーダー・スクリーンには表れなかったのである。

しかし2002年9月、クリステンセンは今まで聞いたこともなかったパット・ルーカスという名のジャージーの婦人から電話を受け取った。彼女は彼のことを聞き、ジャージーでハンプトンの話を聞いたこと、そしてさまざまな問題を話し合うために訪問したい旨もちかけた。彼は彼女をチェスハムの彼に自宅に招待した。彼女は2人の友人、ジーン・アンダーソンとフランク・ノーマンとともに来た。ティーとケーキの後、3人のジャージー人はクリステンセンに、私たちの周りでますます肥大化し、大きい被害をもたらしているオフショア産業から「私たちの島を助けて」と懇願した。アンダーソンはこう思い出している：

〝私たちがジョンのオフィスで席に着いたとき、彼は〝何をしてもらいたいのか〟と尋ねた。私は正確に思い出すが、パットの答えは〝タックスヘイブンから抜け出したい！〟だった〟

クリステンセンは続ける：

〝彼らは島の開放について話し合った。私はもしあなた方がそうしたいのなら、タックスヘイブンとグローバル経済のすべての問題とたたかわなければならないと言った。彼らはすぐ理解した。そして尋ねた：もしそうなら何から始めたらよいのか。私は人々の自覚を高めるために巨大なグローバルなキャンペーンを起こさなければならないと答えた。3時間後彼らが帰る時までに、これは戦闘準備だということが分かった。それはこれまで私がやりたかったことだと、私は直ちに悟った〟

チェスハムへの3人の訪問者は2002年10月12日、ジャージーで開かれる「タックスヘイブンとグローバリゼーション」と題する集会にクリステンセンを招いた。その集会はフランスのサン・マロにあるアタックの地方組織であるアタック・ジャージーによって計画されたものであった。

アタック・ジャージーはジャージーでタックスヘイブン産業に反対している唯一つの団体であった。クリステンセンは直ちにシッカに電話すると、彼は「私も参加させて」と答えた。それればかりではなく彼はリチャード・マーフィーという名の、まだ聞いたことのない会計士の名を挙げた。彼らは彼に加わるよう招待した。この会議は、まだＴＪＮが発足する前であったが、ＴＪＮの前史のもう一つの重要な瞬間であった。

クリステンセンは語る：

〝これは私のリチャードとの初めての出会いであった。信じがたいことであるが、数分間の話し合いの中で、われわれは多国籍企業の財務の国レベルの開示が必要であることを議論した：国別報告（Country-by-Country（CbC）Reporting）のアイデアはリチャードの発案であったが、ジャージーで生み出されたのだ〟

マーフィーは最初のＣｂＣ会計基準について研究し、書いた。その時以来10年間、国別報告の議論をリードしてきた。それは今日、世界に広がっている議論の余地のない概念である。

その会議は活動家マチ・コホーネンによって、ロンドンのユニバーシティ・カレッジで開かれた別の会議への招待につながった。その結果NGO「War on Want?」と「Stamp Out Poverty」から10月にフィレンツェで開かれるヨーロッパ社会フォーラムに代表団を送るよう招待された。クリステンセン、ハンプトン、及びWar on Wantのピート・コールマンからなる代表団が行き、スイスのSwiss Coalition of Development Organisationsのシニア・エコノミストのブルーノ・グルトナー、ドイツAttacのSven Giegold（影響力のある現国会議員）が加わった。これはTJN創設にかかわった中心メンバーであった。そしてタックス・ジャスティス・ネットワークという名称が選ばれ、正式に組織され、最終的にタックス・ジャスティス宣言の骨子が描かれたのは、2002年10月のこの会合においてであった。

TJNは正式には2003年3月にイギリス下院でスタートした。パット・ルーカス、ジーン・アンダーソン、フランク・ノーマンの中心トリオはこの素晴らしい写真に納まっている。

当初はそれは困難な道であった。新しいネットワークには事務局が必要であったが、当時はタックスヘイブンといっても意味不明な問題と受け取られ、まとまった資金協力の要請に応じる資金団体は皆無であった。

そこで古き良きジャージーが再び手を差し伸べた。アタック・ネットワークがバザーやローカル・イベントを開いたりして必要資金をかき集めた。われわれはどうやってそれを成し遂げたのかはいまだにわからない。しかし彼らは成し遂げたのだ。

タックス・ジャスティス・ネットワークは２００４年９月、国際的な事務局を正式にスタートさせた。そのことは最初の国際ニュース新聞「ガーディアン」の見出しに記録されている。その見出しは〝Havens that have become a tax on the world's poor（世界の貧困

ＴＪＮ創設に貢献した中心トリオ

に課税するタックスヘイブン）〃とあり、国連事務総長コフィ・アナンの好意的な有益なコメントがつけられていた。

しかし人々の関心を集めるにはまだ困難があった。クリステンセンと熱情的で印象的なソニー・カプア（シンクタンク Re-Define の現会長）は無数の国際会議やイベントを訪ね、シッカ、マーフィ、その他の人たちは研究に没頭した。全員が聞きたいと思う人に語った。当時そんなに人はあまりいなかったが。

クリステンセンは思い出す：

〃われわれのアプローチはベルセルク（北欧神話・伝承に登場する、異能の戦士たち）戦略であった。会議に出ては不器用な質問をした。ある困った会議を思い出す。指導的な開発問題に取り組むNGOの責任者が私のところに来て、「私は実際、税が開発とどのような関係にあるのかわからない」と言ったのである。公正を期すならば、彼女はすぐあと理解したのであるが。しかしこのことからわれわれは高い壁を感じるようになった。開発NGOは企業や政府と深くつながっている：これは問題とは思わないが、しかし彼らの取り組みの焦点は、組織的な貧困への取り組みではなく、援助供与機関として行動することであった。

TJNが問題とするのは「いかに援助を超えるかであり、いかに借金（とりわけ外国からの借款）や海外からの援助なしに、公共サービスを提供するか」である。

彼はまた2004年にチャタムハウスで開かれた企業責任に関する国際会議で起きた特に困難なミーティングを思い出す。そこで彼は立ち上がり企業責任の議論の中に、恐れられた「税」の用語を使う必要について語った。

〝われわれは彼らの企業責任の説明をかき分けて進み、「税」の検索ボタンを押した。しかし話題にならなかった。私は「ベスト・プラクチスの言葉は好きだ。しかしなぜ税について語らないのか。われわれは税がCSR（企業の社会的責任）の最大の課題だと考えるが、あなた方のだれもそれを考慮に入れない‥あなた方は事業を行っている社会に対して財政上どのように貢献しているのか。私は「祝宴の幽霊（楽しい時に不愉快なことを言い出すこと）」のように述べた‥われわれは最も大切な社会的責任は税だと考えていると。

彼等は私がテーブルの真ん中に犬の糞を置いたかのごとく私を注視した。着席すると、30分ほど沈黙が支配したように感じた。膝ががくがく震え、血が頭にのぼった。議長は全く敵対しているように見えた〟

2004年ごろから少しづつこの問題に火が付き始めた。とくにNGO、労働組合、そして専門家の団体へと広がった。しかしあたりまえの同盟者ですら、説得を必要とする：シッカは２００３年にある労働組合を訪問したことを覚えている。そこで「彼らは従来の労働組合が持つ関心の範囲外にあるために、単純に関心を持っていない」ということが分かった。

ＴＪＮの最大の強みの一つは、それが事実であり、また絶対的に正しいことが証明されていることを越えて、政治的スペクトラムの右から左まで、アピールする努力がなされてきたことである。タックスヘイブンの問題は結局のところ、グローバル市場の腐敗についての物語である。腐敗に対するたたかいを誰が右翼や左翼の独占物と言うであろうか？

その後の年月の物語は、タックス・ジャスティス運動に参加する団体が増えるにつれ、ＴＪＮが質量ともに成長するにつれ、そして取り扱う問題が広くなるにつれ、ますます複雑になった。タックス・ジャスティスのブログはわれわれのいわゆる「タックス・ジャスティス・コンセンサス」のおよそのアウトラインを提示する道具となった。「タックス・ジャスティス・コンセンサス」は国際的な租税協力条約のいわば技術的な世界をはるかに越えて、世界を理解するための強力で一貫性のあるフレームワークとなるべきものであった（「Finance Curse」はこの不断に進化する業績の直近の成果である）

ＴＪＮの仕事は、代表的なニュースレターである「タックス・ジャスティス・フォーカス」、リチャード・マーフィーの独創的で広範に読まれているタックス・リサーチＵＫのブログ―これはタックス・ジャスティスやその他の問題に関する思想の爆発である―、などがあり、そのほか「Price of Offshore（２００５年3月、２０１２年7月に改訂）」、「Tax Us If You Can（２００５年9月、２０１２年7月改訂）」がある。われわれには今やGlobal Alliance for Tax Justiceがあり、タックス・ジャスティスに関するいくつかの世界的な集会がある。タックヘイブンに対して真剣な行動を呼びかける世界のリーダーたちがいる。

しかしこれは「ダビデとゴリアテのたたかい＊」である。われわれのイギリス・チェスハムにあるちっぽけな司令部をご覧あれ。

イギリスのチエスハムにあるＴＪＮのちっぽけな本部

＊「ダビデとゴリアテのたたかい」とは、羊

飼いの少年と巨漢の戦士とのたたかいを描いた旧約聖書の物語。

【著者紹介】

●合田　寛（ごうだ　ひろし）

1943 年韓国・釜山生まれ。神戸大学大学院経済学研究科博士課程単位取得退学。国会議員政策秘書を経て、公益財団法人・政治経済研究所理事・現代経済研究室長（主任研究員）。公正な税制を求める市民連絡会幹事。

著者に『タックスヘイブンに迫る』（2014 年、新日本出版社）、『格差社会と大増税』（2011 年、学習の友社）、『大増税時代』（2004 年、大月書店）

パナマ文書とオフショア・タックスヘイブン　改革は可能か

2016 年 8 月 25 日　初版第 1 刷発行

著　者　合田　寛
発行者　坂手崇保
発行所　日本機関紙出版センター
〒 553-0006　大阪市福島区吉野 3-2-35
TEL 06-6465-1254　FAX 06-6465-1255
http://kikanshi-book.com/
hon@nike.eonet.ne.jp
本文組版　Third
編集　丸尾忠義
印刷・製本　シナノパブリッシングプレス

Printed in Japan
ISBN978-4-88900-936-1